AF462653

HISTOIRE
DES
COCUS

A LA HAYE,

1746.

LES COCUS.

LA Nature embellie s'animoit par le retour du Printems, la Terre...... Mais les descriptions pompeuses & les peintures de cette espéce sont usées, & le siécle avec raison est plus expéditif.

Disons donc tout simplement, que le mois d'Avril commençoit, quand au point du jour, on vit sortir de la ville d'Ubéda, célebre dans l'Andalouzie, un Cavalier des mieux faits, nommé D. Fernand, il alloit à Madrid répréſenter au Roi Philippe IV. qui regnoit alors, les ſervices de ſes Ancêtres & demander l'Ordre de la Toiſon; l'uſage du monde l'empêchoit d'être aveuglé par la vanité, qui gouverne tout Cavalier Eſpagnol, il ne comptoit pas aſſez ſur ſon mérite, pour eſperer d'abréger les longueurs inſuportables que l'on eſſuye pour obtenir les plus petites graces dans toutes les Cours; ces réfléxions l'avoient déterminé à conduire avec lui ſa femme & toute ſa maiſon, ce parti étoit ſage ſans doute & lui faiſoit éviter l'ennui & les incommodités du voyage & du ſéjour. D. Fernand avoit à peine vingt-cinq ans, il reſſembloit par ſa figure & ſon eſprit à tous les Héros de Roman, dont il n'y a point de Lecteur qui ne ſe ſoit fait une idée; la ſeule diférence qu'il apportoit dans cette reſſemblance, c'eſt qu'il aimoit toutes les femmes en général. Ses grands biens lui avoient fait épouſer Dona Maria, qui l'égaloit au moins en agrémens, en naiſſance, ainſi qu'en richeſſe, quoique mariée depuis deux ans, & qu'elle eût donné un fils à D. Fernand dès la premiere année, elle n'en avoit encore que dix-ſept ; ſon mari peu ſenſible à ſon mérite, cherchoit toûjours fortune ailleurs, il n'étoit point difficile, il la trouvoit ſouvent, & laiſſoit preſque toûjours coucher ſeule, une des plus belles femmes que l'Eſpagne eût vû naître, tandis qu'il alloit paſſer la nuit avec d'autres qui ne la valoient pas à beaucoup près, tant le goût de la propriété, ſi fort dans tous les hommes, s'étend peu ſur cet article du Mariage.

Quand ces Voyageurs aimables eurent traverſé avec bien de la peine les hautes montagnes de *Sierra Morena* ; les chevaux ſe trouvant dans la plaine, animérent leurs pas, & malgré la peſanteur du caroſſe auquel ils étoient attelés, ils arrivérent avant le coucher du Soleil au bourg de *Viſo*, les cochers vouloient aller plus loin, mais Dona Maria peu accoutumée à voyager, trouva la journée aſſez longue, & voulut ſe repoſer. On prépara les chambres, on alla chercher des proviſions, on les joignit à celles que ſuivant la mode d'Eſpagne, on avoit apportées, enfin chaque domeſtique s'empreſſa ſelon ſon emploi au ſervice de leurs Maîtres.

Dona Maria monta dans la chambre qu'on lui deſtinoit & s'entretenoit avec ſes femmes, pendant que D. Fernand avoit déjà remarqué, avec les yeux du déſir, Catalina niéce de l'Hôte & l'avoit abordée, avec d'autant plus d'empreſſement, qu'elle étoit extrêmément jolie; on peut imaginer qu'il ne lui parla point des affaires d'état ni du ſiége d'Oſtende, dont l'Europe étoit alors fort occupée, mais des moyens de paſſer la nuit entre deux draps avec elle. La jeune femme étoit mariée depuis peu & trouvoit la choſe difficile ; il eſt vrai que ſon mari étoit abſent, mais quand il n'auroit pas été au moment de revenir à chaque inſtant, la premiere démarche d'une femme, lui coute toûjours beaucoup ; ces difficultés ne ſervoient qu'à augmenter les déſirs de D. Fernand, & ceux de Catalina, qui ne lui cachoit point les ſiens, lui donnerent une éloquence, qui perſuada toûjours en cas pareil ; ils convinrent donc de leurs faits, c'eſt-à-dire, qu'elle lui montra ſa chambre & ſon lit, en l'aſſurant qu'il pourroit la venir trouver au coup de onze heures, tems où tout le monde ſeroit retiré & couché dans la maiſon.

D. Fernand après avoir ſi bien arrangé ſes affaires, paſſa dans la chambre de ſa femme, & parut ſi content, ſi radieux, qu'elle ne put s'empêcher de lui en demander la raiſon, mais il étoit accoutumé à lui déguiſer ces ſortes de vérités, & il eut bientôt imaginé un prétexte; de plus l'arrivée du ſouper l'auroit eu bientôt tiré de peine, quand il en auroit éprouvé.

Catalina qui les servoit à table, baissoit les yeux, & n'osoit regarder D. Fernand, dans la crainte qu'on ne s'apperçût des desirs dont elle étoit animée pour lui, & regardant la grande beauté de Dona Maria, elle ne pouvoit se flatter qu'il voulût la quitter & lui donner une préférence, qu'elle convenoit en elle-même ne pas mériter.

D. Fernand n'étoit pas plus libre de son côté, les yeux de Catalina étoient si vifs & si brillans, qu'ils le mettoient en feu, il fut donc fort embaraſſé de ſa perſonne pendant le ſouper, car il ſe contraignit pour ne la pas regarder.

Quand ils eurent mangé, D. Fernand feignit d'être accablé de ſommeil, & pour mieux tromper, laiſſa pluſieurs fois tomber un livre de ſes mains. Dona Maria attribuant ſon état à la fatigue du voyage, & ſçachant qu'ils devoient partir de bonne heure le lendemain, lui propoſa de ſe coucher. D. Fernand aprés avoir fait ſemblant de ſe réveiller avec peine, lui dit : couchez-vous toujours, je vais donner quelques ordres à mes gens & je reviens vous trouver, elle y consentit ; pendant ce tems il alla promptement chercher Catalina & lui demander s'il n'y avoit rien de changé à ses bonnes dispositions, elle le baisa plusieurs fois en l'assurant qu'il étoit le maître, & dans la crainte des méprises de la nuit, elle lui fit encore reconnoître sa chambre, il revint ensuite dans la sienne, où sa femme étoit déja couchée, il se deshabilla, renvoya ses gens, ferma la porte, se coucha & feignit tout de suite un des plus profonds ſommeils ; Dona Maria bien éloignée de s'attendre à ce contre-tems, s'étoit flattée au contraire que le ſommeil de l'après-ſoupé n'auroit rendu D. Fernand que plus éveillé, en fut fâchée, mais craignant ſa mauvaiſe humeur ſi elle le réveilloit, elle remit la partie au lendemain matin, & s'endormit elle même dans une ſi douce attente.

Il n'y avoit ce jour-là dans l'Hôtellerie de *Viſo* que D. Fernand & ſes gens, tout le monde dormoit à onze heures, ainſi que Catalina l'avoit prévû ; long-tems avant que l'heure fût ſonnée, elle avoit prêté l'oreille pour écouter si celui qu'elle désiroit avec autant d'ardeur n'arrivoit point, & s'il ne frappoit point à sa porte ; mais D. Fernand qui éprouvoit la même impatience, ne la fit point attendre, il se leva d'auprès de sa femme, prit son manteau, ouvrit la porte comme un voleur, la laissa ouverte & sortit ; quand il fut à celle de Catalina, il l'appella à voix basse, & dans l'instant il se sentit embrassé avec la plus vive ardeur, il ne s'amusa point aux discours insensés dont les Amans se repaissent pour l'ordinaire, &

quand il auroit eu deſſein, d'employer ſi mal un tems ſi précieux, les baiſers, les careſſes & les embraſſemens de Catalina, ne lui en auroient pas donné la liberté, ainſi la prenant entre ſes bras, il la jetta ſur ſon lit, ſans que ſes lévres quittaſſent ſa belle bouche; qui peut décrire la fureur & l'yvreſſe de ces ptemiers plaiſirs? Enfans du déſir, de la contrainte & de la nouveauté. Après ceux-là, ils en éprouverent d'une autre eſpéce plus détaillés &plus reſſentis, Catalina étant auſſi vive que D. Fernand étoit ardent.

Quelque tems après que D. Fernand fut ſorti de ſa chambre, un de ſes Pages, nommé Valerio âgé de 18 ans, fort ſage & plus beau que le jour, fut reveillé par un beſoin, il ſe leva & deſcendit pour le ſatisfaire ; il étoit couché avec un de ſes camarades qu'il ne voulut point éveiller. Les chambres de cette Hôtellerie étoient diſpoſées de façon qu'il y en avoit trois de ſuite qui donnoient ſur une grande galerie. D. Fernand & ſa femme occupoient la plus éloignée de l'eſcalier, les Pages couchoient dans la ſeconde, & les femmes de Dona Maria étoient dans la premiere. Valerio remontant ſans lumiere, ſe méprit aiſément, & ne reconnut point la chambre dont il étoit ſorti, trouvant celle de ſa Maîtreſſe ouverte, il y entra ſans aucun ſcrupule, il chercha doucement le lit, en ſuivant la muraille, il le trouva & ſe coucha, le bruit qu'il fit pour s'arranger dans le lit, réveilla Dona Maria, qui le prenant pour ſon mari l'embraſſa vivement, en lui diſant Jeſus, mon ami, que vous avez froid, & mettant ſes pieds entre les ſiens,

elle

elle lui faiſoit mille careſſes, elle avoit parlé ſi bas que le Page ne s'étoit point apperçu de la différence des voix, il ſe croyoit avec un de ſes camarades & rioit de ſa méprise, ou du ſonge qui lui perſuadoit qu'il étoit couché avec une femme ; mais un moment après ſentant que des mains plux douces & plus délicates le touchoient ſingulierement & qu'on lui diſoit, tournez-vous donc de mon côté mon cœur ; & du moins n'ayez pas la cruauté de me refuſer un baiſer : quoi, vous ne le voulez pas, prononçoit une voix angelique ; alors Valerio reconnut clairement ſon erreur & ne put douter qu'il ne fût dans les bras de Dona Maria, la frayeur le ſaiſit, mais s'étant raſſuré il comprit toute la vérité de l'affaire, car il avoit entendu quelque choſe des converſations de Catalina & de D. Fernand. Il eſpera que ſon ſilence engageroit Dona Maria à ſe rendormir & qu'alors il pouroit ſe lever doucement & retourner dans ſa chambre, mais Dona Maria étoit trop animée pour ſe moderer, & les careſſes qu'elle faiſoit à celui qu'elle croyoit ſon mari, commencérent à l'échauffer, ſemblable à un petit moineau à demi noyé que l'on présente à la chaleur du feu, Valerio se sentit tout de flâme, quel marbre auroit pû résister aux embrassemens vifs & continuels de deux bras plus blancs que l'albâtre, aux baiser d'une bouche vermeille, plus fraiche que la rosée aux mots coupés, interrompus par le désir, & prononcés par une voix jeune, tendre & touchante, aussi Valerio que la beauté de sa Maîtresse avoit cent fois ébloui, depuis qu'il étoit à son service, oublia peu à peu l'injure qu'il faisoit à son Maître, baisa ſon beau col, ſa gorge délicieuſe & ſa bouche divine ſans pouvoir ſe fixer, ni décider ce qui méritoit le plus d'être préferé, il étoit dans cette douce indéciſion, quand elle lui dit : ne me tuë pas, mon cher ami, par tant de careſſes, tu vas me faire mourir dans tes bras ; ſi tu veux me rendre la vie, ſatisfais mes déſirs & les tiens. Quel homme eût attendu juſque-là pour ſuccomber, il s'abandonna donc avec autant de ſatisfaction & de vigueur que ſon Maître pouvoit en employer avec la niéce de l'Hôte. Cependant ces embraſſemens plus vifs & plus emportés que ceux qu'elle recevoit ordinairement de ſon mari, les baiſers reïterés, le ſilence dans une telle occaſion, & ce ſurplus de vigueur & d'empreſſement, lui donnérent quelque ſoupçon, quand le premier aveuglement de la jouiſſance fut paſſé; le Page d'un autre côté ſe trouva dans un cruel état, il croyoit à tous momens voir arriver ſon Maître avec un poignard dont il le perçoit de mille coups, il n'oſa demander pardon à ſa Maîtreſſe & lui découvrir la vérité, il voit les inconveniens de la quitter ſans lui rien dire, il craint que Dona Maria n'inſtruiſe ſon mari ſans le vouloir, par le ſeul recit de ce qui s'eſt paſſé, enfin il ſe trouva peut-être autant tourmenté par l'inquiétude, qu'il venoit d'être enchanté par les plaiſirs. Après toutes ces irréſolutions, il prit le parti de lui parler comme il eût fait à Chimene, une des femmes de Dona Maria avec laquelle il avoit une intrigue, interrompuë, par les ordres ſeveres de D. Fernand; en conſéquence, quoiqu'il n'eût pas beaucoup de chemin à faire, il s'approcha d'elle & l'embrassa avec beaucoup d'ardeur; mais voyant qu'elle ne lui répondoit point & que son trouble & ses réfléxions suspendoient tous ses sens, il lui dit : jamais je ne me serois flatté, ma chére Chimene, des bontés que tu viens de me témoigner aprés les défenses de D. Fernand, je craignois qu'elles n'eussent chassé de ton cœur les sentimens que tu m'as juré tant de fois, mais, poursuivit-il, en la baisant & en la caressant, aprés ce que tu viens de m'accorder, il n'y a point de danger auquel je ne puiſſe m'expoſer pour recevoir de toi les preuves d'un auſſi grand bonneur, mais pourquoi ma douce amie, ne me parles-tu pas ? que crains-tu ? ta compagne eſt notre confidente, quand elle nous entendroit, le mal ne ſeroit pas grand, D. Fernand ne doit pas te cauſer la moindre inquiétude, il eſt à préſent dans les bras de la niéec de notre Hôte, Dona Maria eſt plongée dans le plus profont ſommeil, ignorant l'infidelité que lui fait ſon mari, ces paroles accompagnées de careſſes & de baiſers

baisers, ne laisserent plus aucun doute à Dona Maria, mais voyant qu'elle n'avoit aucun tort, & que Dieu auroit voulu punir son mari de la même façon qu'il l'avoit offensée, elle donna à Valerio une des ses boucles d'oreilles, car elle avoit oublié de les ôter en se mettant au lit, & lui dit le plus bas qu'il lui fut possible : prens ce témoin, heureux jeune homme, & tu connoîtras demain ce qui vient de t'arriver, sois discret sur ta bonne fortune, si tu ne veux être cruellement puni . . . Le Page se leva sans répondre, revint dans sa chambre, ferma sa porte & se remit à côté de son camarade, qui ne s'étoit point éveillé.

Qui peut s'imaginer les idées agréables dont Valerio étoit alors occupé; dégagées de toutes craintes, elles lui peignoient avec des couleurs vives la possession d'une aussi belle femme que Dona Maria; il se rappelloit tous les détails de sa jouissance & se feroit volontiers exposé à tous les dangers pour les éprouver encore. Dans le même tems Dona Maria occupée de la beauté, de la bonne grace & de la discrétion qu'elle avoit toujours remarquées dans la figure & dans toutes les actions de Valerio, ne put être mécontente de ce qui lui étoit arrivé, elle se réjouissoit même d'avoir pû se venger de son mari avec autant d'innocence de sa part ; mais voyant ensuite que son mari ne revenoit point, elle accusoit sa simplicité, & se reprochoit d'avoir si promptement renvoyé Valerio, dont les procedés méritoient un plus long séjour ; le Page & elle terminerent leurs douces reflé-xions par le bon sommeil qui succede aux plaisirs.

Revenons à D. Fernand ; il n'y avoit pas encore deux heures qu'il étoit avec Catalina, quand Rodrigue son mari vint frapper à la porte de l'écurie ; elle étoit si loin de la chambre de sa femme qu'elle ne le pouvoit entendre. Le garçon d'écurie qui le reconnut à la voix, alla promptement lui ouvrir, il lui donna son cheval, détacha ses besaces, prit une chandelle & vint avec empressement dans sa chambre, où nos amans ne l'attendoient pas ; ils pensoient si peu à lui, qu'il frappa deux ou trois fois à sa porte qui est là ? c'est moi, repliqua Rodrigue, qui toi, reprit-elle, c'est ton mari, dit-il, en redoublant ses juremens, ne me connois-tu pas ? Catalina ayant alors repris tous ses sens & reconnoissant en effet son mari, demeura plus morte que vive & ne trouva point d'autre expedient pour sauver D. Fernand que de le faire cacher sous le lit; mais comme on ne peut tout prévoir dans de telles circonstances, son manteau demeura sur la table, où il l'avoit jetté en entrant; quand il lui parut que tout fut arrangé, elle dit tout haut : c'eſt donc toi, mon cher Rodrigue , ſois le bien venu , mais qui t'attendoit ſi tard , donne-toi patience, car je n'ai point de lumiere, laiſſe-moi me lever. Quand elle eut enfin ouvert la porte , ſon mari la voyant preſque nuë & embellie, comme toute femme le paroît après une telle occupation , il voulut la jetter ſur le lit, mais elle qui ſe trouvoit ſatisfaite d'un homme qui lui plaiſoit plus que ſon mari, s'en défendit, en lui diſant de prendre un peu de patience, qu'il pouroit s'échauffer & ſe faire mal, qu'enfin la nuit étoit à eux ; Rodrigue charmé de lui voir prendre plus d'intérêt à sa santé qu'à son propre plaisir, se modera & s'éloigna même non seulement dans la crainte de s'enflammer davantage, mais pour lui montrer quelques bagatelles qu'il lui avoit apporté en effet, pour ouvrir ses besaces, il voulut les placer sur la table, & la premiere chose qu'il apperçut en ôtant, ce dont elle étoit embarassée, ce fut le manteau de D. Fernand.

Catalina pour réparer le danger qu'elle & son Amant couroient à cette vûe, dit avec une préſence d'eſprit admirable & que les femmes auront toujours en cas pareil. Je parie que j'aurai laiſſé quelque choſe ſur cette table, & s'approchant de plus près en prenant le manteau, elle fit pluſieurs ſignes de croix, en diſant : Jeſus, je ſuis folle, & je n'ai guéres d'eſprit d'avoir laiſſé ceci à découvert. Si tout autre que toi fût entré ici, ma négligence m'auroit couté cher. Le mari qui ne comprenoit rien à ce qu'elle diſoit, lui répondit en ſecouant l'oreille, que ſignifie ce manteau & toutes les mines que tu fais. Tu vas le ſçavoir, mais ajouta la ruſée, ouvrant la porte & regardant dehors, voyons ſi perſonne ne nous écoute, après toutes ces précautions, elle pourſuivit ainſi; ne te ſouviens-tu pas de ce Cavalier qui coucha ici ces jours paſſés en allant à Seville? Quel Cavalier, dit le mari? Un jeune homme, repliqua la femme, qui paſſa par ici il y a environ un mois, vêtu d'un drap brun brodé d'or, avec une veſte rouge, monté ſur un Cheval baye, dont la ſelle, la houſſe & les chaperons étoient galonnés, il ne m'en ſouvient point, lui répondit

Rodrigue. Bon Dieu que tu as peu de mémoire, interrompit Catalina, veux-tu gager que je t'en ferai souvenir, en même tems elle ouvrit un coffre dont elle tira une taſſe d'argent que ſon mari avoit volé au Cuiſinier du Cavalier & la lui montrant, elle dit, tu n'as pas ſans doute oublié le maître de cette taſſe, ah ah, dit le mari, il m'en revient quelque idée, ce même Cavalier, pourſuivit Catalina, repaſſa par ici, il y a environ huit jours avec la même ſuite, & la nuit approchant il fut obligé d'y coucher, quand ſes gens eurent mis pied à terre, chacun détacha ſon porte-manteau, mais un d'entre eux ne pouvant aſſez promptement défaire un nœud qui s'étoit fait à la corde qui le tenoit attaché, car il avoit apparemment perdu ſa couroye, il ôta ſon manteau pour être moins embaraſſé & le mit ſur une chaiſe, il défit à la fin ſon nœud & donna ſon cheval au garçon d'écurie, enſuite il emporta ſa váliſe, mais il oublia ſon manteau, comme s'il ne lui avoit jamais appartenu, & monta dans ſa chambre. Je regardois cependant ce qui ſe paſſoit, & voyant que perſonne n'avoit les yeux ſur moi, je pris le manteau & je le cachai ſi bien que perſonne ne l'a vû ni rencontré depuis, heureuſement pour moi il arriva dans ce moment, un ſi grand nombre de Voituriers & de gens à pied, que toute la Maiſon s'en trouva remplie, une heure après le Cavalier ſe souvint de ſon manteau & le vint chercher où il l'avoit laiſſé & où il n'étoit plus. Ce fut inutilement qu'il dit cent fois, mais je l'ai laiſſé là, mais qui me l'a pris, je lui répondis en riant, celui qui l'a pris n'ira pas vous le dire, l'homme au manteau voyant la quantité du monde qui étoit entrée & ſortie de la Maiſon, ſe retira & convint par ſon ſilence qu'il ne s'en prenoit qu'à lui-même de la perte qu'il avoit faite, enfin continua-t-elle, le manteau me demeura & depuis ce tems je l'ai laiſſé dans mon coffre, ce ſoir je l'en ai tiré ſans y penſer avec tes chemiſes que j'ai voulu raccommoder & ton habit neuf, que je compte que tu mettras demain, car c'eſt Dimanche, & j'aurois été fort trompée ſi tu n'étois pas revenu, j'ai eu aſſez peu de mémoire pour oublier de le cacher encore, & t'empêcher de le vendre, comme tu as fait beaucoup d'autres choſes ſans m'en faire aucune part, elle finit cette hiſtoire en paroiſſant triſte & mécontente de lui. Pour Rodrigue, il ſe mit à rire & lui répondit, Dieu te garde de mauvaiſe fortune, puiſquil t'a donné de ſi bonnes mains. Par ma foi, continua-t-il, ce manteau couvriroit un S. George, nous le vendrons, nous en partagerons l'argent, je t'en donne ma parole, & le retournant de différens côtés, il diſoit à bon marché il vaut vingt écus comme un sol ; mais dis-moi, ton oncle ne sçait-il rien de cette affaire ? Dieu garde, répondit Catalina, s'il le sçavoit, il voudroit au moins en avoir moitié ; je ne lui en parlerai pas, ne crains rien, interrompit Rodrigue, & dès demain j'irai le vendre à Almagro ou à Santa-Crux.

D. Fernand charmé de la finesse & de la présence d'esprit de Catalina, auroit donné douze manteaux pour voir sortir le mari ; il étoit si mal à son aise, il avoit tant de froid, nud en chemise sur le careau, qu'il craignoit ne jamais ſortir de cette chambre ; cependant Rodrigue voulut ſe deshabiller pour coucher avec ſa femme, qui s'étoit remiſe au lit ; mais Catalina voyant que ce n'étoit pas un moyen pour faire ſortir D. Fernand, lui dit, j'oubliois de te faire boire une demie bouteille de vin de Ribadatia, jamais tu n'en as bû de ſi bon. Avant de te coucher deſcens à la cuiſine, tu trouveras ce que je t'en ai conſervé avec une cuiſſe de perdrix dans un plat de fayance ; & d'où vient cette bonne chére, reprit Rodrigue, qui étoit au moins auſſi gourmand

que

que fripon, c'eſt la femme d'un Cavalier qui eſt couché ici, qui me l'a donné, après l'avoir ſervie à ſoupé, eſt-elle ſeule cette Dame, reprit le mari, & pourquoi cette queſtion, c'eſt, dit-il, que s'il n'y avoit perſonne avec elle, j'irois tenter fortune, & quelle fortune, interrompit la femme en contrefaiſant la fâchée, ſi tu te préſentois à elle, ſes valets te donneroit cent coup d'étrivières, tout beau Dame Catalina, repliqua Rodrigue, je trouverois ſon coçu de mari avec elle, qui n'oſeroit peut-être pas me tenir un tel propos, mais en cauſant à ſec comme je fais depuis un quart d'heure, je m'altére, & le ſouvenir de ce bon vin me donne une ſi grande ſoif, que je n'y puis plus réſiſter, tu peux l'aller chercher lui dit Catalina, je l'ai ſerré dans la petite armoire, tu feras d'autant mieux d'y aller tout à l'heure, que je crains ce jeune garçon qui ſert à la cuiſine, il aime beaucoup le vin, & il eſt plus gourmand qu'un chat, ſi tu attens à demain, il t'aura peut-être prévenu : je l'en empêcherai bien, reprit Rodrigue, & par celui qui vendit Dieu, j'en ai plus besoin que lui, en disant cela il voulut prendre un de ses souliers qui s'étant échapé de son pied étoit entré assez avant sous le lit, mais ne le pouvant trouver sans la chandelle, il alla la chercher sur la table; Catalina qui vit le risque qu'elle couroit, sortit promtement de son lit, lui arracha la chandelle qu'il tenoit déjà, & lui dit d'un ton de colére, se peut-il que depuis une demie heure, tu ne puisse trouver un soulier, & se tournant du côté de la table, elle le cherchoit où elle sçavoit bien qu'il n'étoit pas; le mari fâché de voir sa femme marcher nuds pieds, lui dit, je crois que tu as perdu le jugement, veux-tu gagner une maladie qui nous fera dépenſer tout notre argent ? remets-toi dans ton lit, j'ai grace à Dieu aſſez d'eſprit pour retrouver un ſoulier ſans ton ſecours. On peut juger de la peur que D. Fernand éprouva dans ce moment, il étoit indubitablement perdu, ſi Catalina n'eût fait ſemblant de rencontrer quelque choſe ſous ſes pieds & ne fût tombée avec le chandelier & la chandelle, qu'elle eut ainſi le bonheur d'éteindre. Pendant que le mari fut à elle pour l'aider à se relever, la femme s'approcha du lit; & mettant le bras dessous, elle toucha les pieds de D. Fernand, qui prenant sa main pour celle de son mari, fut au moment de sortir pour défendre sa vie, & de le tuer lui-même avec un poignard, dont il ne s'étoit point défait; cependant la personne qui le touchoit ne disant mot, il se persuada de la vérité, & Catalina ayant à la fin trouvé le soulier en le maudissant mille fois, le donna à son mari, qui de son côté tenant la chandelle

& le chandelier, donnoit l'obſcurité, la femme, le ſoulier & lui-même à tous les Diables; alors Catalina ſe trouvant fiére, ou du moins commençant à voir plus clair dans ſes affaires, ſe remit dans ſon lit, traita ſon mari de fol & d'étourdi, & finit par lui dire, en bonne foi je crois qu'il n'aura pas l'eſprit d'aller allumer une chandelle. On ne peut abſolument parlant répondre des choſes qui piquent ou qui ſont indifférentes; c'eſt encore un des talens des femmes, que de ſçavoir les rencontrer. Ce reproche piqua d'honneur Rodrigue & tout en jurant, il dit, tu verras ſi je ne l'allumerai pas, auſſi-tôt il ſortit pour deſcendre à la cuiſine, ou il comptoit trouver du feu & ſurtout le vin dont ſa femme lui avoit parlé; il n'étoit pas à quatre pas de la porte, que Catalina ſe leva pour délivrer promptement le malheureux D. Fernand, qui tranſi de froid, couvert de plumes & d'ordures, ne ſe fit pas dire deux fois de ſe retirer. Dans l'état où il ſe trouvoit, il n'oſa revenir auprès de ſa femme & prit le parti d'aller à la chambre de ſes Pages, il frappa deux ou trois fois à leur porte, Valerio ne dormoit déjà plus, il demanda ce qu'on vouloit & ayant reconnu la voix de ſon Maître, la frayeur le ſaiſit, & ſans conſidérer que Dona Maria ne pouvoit avoir fait l'aveu de ce qui s'étoit paſſé, il ne douta point qu'inſtruit de la vérité il ne vînt pour le ſacrifier à ſa vengeance. Il ſe leva donc tout éperdu, ayant même une ſueur froide, & ſon épouvante étoit d'autant plus forte, que la chambre n'avoit point d'autre iſſuë, les fenêtres en étant grillées, peu s'en fallut qu'il ne tom-

bât

bât aux genoux de ſon Maître en ouvrant la porte & qu'il ne lui demandât pardon de ſon infidélité ; mais le voyant lui-même au clair de la Lune ſi pâle & ſi défait qu'il auroit eu peine à le reconnoître & ne remarquant en lui aucune apparence de jalouſie, il raſſembla les forces de ſon eſprit pour ſçavoir ce qu'il vouloit lui ordonner. Malgré ſes efforts pour ſe contraindre, D. Fernand s'apperçut de ſon trouble, & lui en demanda la raiſon, Valerio d'une voix tremblante & mal articulée, lui dit, que l'état où il le trouvoit en ſe réveillant en ſurſault, lui cauſoit un trouble dont il ſeroit long-tems à ſe remettre. D. Fernand occupé d'autres choſes, & qui n'étoit pas en ſituation de pouſſer ces queſtions plus loin, lui recommanda le ſecret, lui confia ſon avanture, lui demanda une chemiſe, & lui ordonna de lui faire promptement du feu. Le Page tira la paillaſſe de ſon lit, trouva quelques charbons demeurés dans les cendres, en un moment D. Fernand ſe rechaufa, ſe nétoya, changea de linge & vint ſe remettre auprès de ſa femme, ſe coulant dans le lit comme une couleuvre dans la crainte de la réveiller.

Pendant ce tems Rodrique ſouffloit les tiſons & fut plus d'un quart d'heure ſans allumer ſa chandelle, cette grande opération faite, il alla droit à la petite armoire & trouva le plat & la bouteille, mais l'un étoit auſſi net que l'autre étoit vuide, il ſe rappella les ſoupçons que ſa femme lui avoit donnés contre le petit garçon, & trouvant un gros bâton ſous ſa main il fut à ſon lit & le réveilla avec de ſi bons coups que le battu le prenant pour le

Diable, prit la fuite, en faisant mille ſignes de croix & conjurant tous les Saints du Paradis; cependant Rodrigue le pourſuivoit toujours & frappoit en diſant: étoit-il bon le Ribadabia, la perdrix étoit-elle tendre? enfin le pauvre garçon ſans avoir rien compris à ce qu'il lui demandoit ſe ſauva dans la baſſe-cour & ſe cacha dans l'écurie. Rodrigue après avoir fait un châtiment auſſi injuſte, puiſque Catalina avoit elle-même tout bû & tout mangé, vint ſe coucher & non ſans apprendre à ſa femme l'expédition qu'il avoit faite. Catalina l'approuva, sans oublier le lieu commun si souvent repeté par l'avarice & la vilenie, que ce n'étoit pas tant pour la valeur des choses, que pour les suites qu'elles pouvoient avoir, ils s'embrasserent & se caresserent à leur ordinaire, tandis que Valerio pleinement remis de sa frayeur passa le reste de la nuit éveillé, tant le bonheur de son avanture lui causoit de satisfaction.

Suivant l'ordre que les cochers & les gens d'écurie en avoient reçu la veille, au point du jour, ils vinrent avertir leur Maître qu'ils étoient prêts à partir, mais le silence & l'obscurité qui regnoient, leur apprenant le sommeil de D. Fernand ils n'oserent l'éveiller. Dona Maria les entendit & ne se rappella d'abord que comme un songe ce qui lui étoit arrivé avec le Page, cependant sa boucle d'oreille & d'autres indices lui retracerent bientôt la vérité, & le sommeil de son mari lui fit juger qu'il avoit au moins aussi bien passé la nuit, elle jugea que le sommeil lui étoit nécessaire, se leva, appella ses femmes pour se mettre à sa toilette, & leur dit qu'elle avoit dormi toute la nuit ſans s'éveiller : car moins on eſt accoutumé à mentir, plus il eſt bon de ſe préparer au menſonge que l'on a médité ; Chimene en la coëffant, lui dit, je crois Madame, que vous avez perdu une de vos boucles d'oreilles, non, dit-elle, elle tomba hier, & je l'ai donnée à Valerio pour vous la rendre. Chimene alla ſur le champ lui dire d'apporter la boucle que ſa Maîtreſſe lui avoit donnée à garder, Valerio qui comprit tout ce que Dona Maria vouloit lui faire entendre, vint la lui préſenter, mais en le voyant, l'idée remplie de ce qui s'étoit passé, elle rougit & s'embellit encore, Valerio ne fut pas moins embarassé, & n'osa la regarder. D. Fernand les tira de cette peine en se réveillant, mais il pria sa femme de ne point presser ses gens pour leur départ : Je voudrois, dit-il, ne partir qu'après-midy ; êtes-vous incommodé, lui demanda D. Maria, non lui repondit-il, j'ai un mal de tête que quelques heures de sommeil emporteront surement. Dormez, lui repliqua-t'elle, on va tout fermer ici, & pendant ce tems j'irai à la Messe avec mes femmes.

En revenant de l'Eglise, elle apperçut un Cavalier qui accompagnoit une femme à cheval, suivie d'une Demoiselle & de trois ou quatre domestiques bien montés, la magnificence de cette troupe lui donna de la curiosité, elle s'arrêta pour la regarder, & fut avec raison frappée de la belle taille, de la bonne grace & du bon goût des habits de la Dame, elle étoit montée sur une haquenée blanche, dont la selle rehaussée d'or, étoit de bois de bresil plus rouge que du corail. L'oreiller sur lequel elle étoit assise étoit de taffetas cramoiſi brodé de point coupé, elle avoit une jupe de damas argenté avec ſix paſſemens d'or, ſa robbe étoit de même étoffe, ſon corps étoit de drap d'or & ſon chapeau tout couvert de plumes. Cette troupe défila devant Dona Maria, mais la coëffe de taffetas blanc qui couvroit le viſage de la Dame, empêcha la curioſité de Dona Maria d'être ſatis faite, elle ne pouvoit imaginer que ſa beauté répondît à tout ce que l'on remarquoit en elle. Ces étrangers ſaluerent Dona Maria comme elle méritoit de l'être, & le Cavalier qui conduisoit cette belle Inconnuë lui dit : Vous voyez, Madame, que ces montagnes qui paroissent sauvages produisent de belles personnes, ce pays ne peut assurément se vanter d'une aussi belle production, lui repartit l'Inconnuë, ces discours flateurs ne déplurent pas à Dona Maria, elle en étoit occupée quand elle vit avec joie cette belle troupe s'arrêter à l'Hôtellerie où elle avoit couché.

Cependant le Cavalier mit pied à terre & descendit la Dame de Cheval, qui pour faire quelques questions à l'Hôte qui l'étoit venu recevoir ôta ſa coëffe & découvrit un viſage éblouiſſant, le Cavalier lui demanda ſi elle vouloit prendre quelque choſe, mais elle répondit qu'étant un peu fatiguée elle aimoit mieux ſe repoſer ; on la fit entrer dans une ſalle baſſe, tandis que le Cavalier qui l'avoit accompagnée, demanda ſi une Dame qui alloit à la Cour avec ſon mari & toute ſa maiſon, n'avoit pas couché la nuit derniere dans cette Hôtellerie, ajoutant que ſa niéce déſiroit infiniment la rencontrer à cauſe des éloges qu'elle en avoit entendu faire. Il ne tient qu'à vous d'en juger, lui répondit l'Hôte ; car cette Dame est à côté de vous, elle est si polie qu'elle ne refusera pas je crois votre compagnie ; il faut sçavoir, reprit le Cavalier, si Madame y consentira, dit-il, en la saluant : oui, M. lui dit Dona Maria, j'y consens, je n'ai vû Madame votre niéce que de loin, cependant j'en serai charmée. Après quelques complimens réciproques, D. Maria le quitta pour aller sçavoir des nouvelles de son mari, elle le trouva qui se levoit, elle lui parla de la compagnie qui se joignoit à la leur, les louanges qu'elle donna à la beauté de l'Inconnuë, rendirent D. Fernand plus diligent, dissiperent absolument son mal de tête, & pour cacher plus aisément la perte de son manteau, il dit qu'il vouloit changer d'habit & prendre le plus magnifique qu'il eût apporté, ce qu'il fit par un mouvement de coqueterie, content de son ajustement, il sortit pour aller à la Messe.

Quelques momens après son départ, D. Alonso & Dona Pantasilée, c'est le nom des deux Inconnus, vinrent remercier Dona Maria de ses politesses ; ils la trouverent, qui pour dissiper le idées s'entretenoit avec Chimene, Don Alonso lui présenta sa niéce & les Dames se firent mille compliments ; leur conversation devint d'autant plus vive, que D. Maria s'apperçut que Pantasilée, ressembloit beaucoup à D. Francesco, jeune homme qu'elle avoit fort aimé avant son mariage, ces idées l'occupoient, lui en rappelloient d'autres, & l'empêchoient de répondre à tout ce que la belle Pantasilée lui disoit de vif & d'empressé ; aussi sans lui avoir temoigné qu'elle se fût apperçu de son trouble, elle se leva pour aller donner ſes ordres pour ſon départ, puiſqu'elle étoit aſſez heureuſe pour l'accompagner, Dona Maria la vouloit retenir, lorſque Don Fernand entra ébloui de ſes charmes, il joignit ſes inſtances à celles de ſa femme, ils obtinrent d'elle de ſe raſſeoir, Don Alonſo ſe chargea des ſoins de l'équipage, tandis que les Dames & D. Fernand ſe communiquerent leurs projets de voyage ils commencerent à ſe lier d'amitié, cependant dans la crainte de fatiguer Pantaſilée, qui deſcendoit de cheval, ils convinrent de paſſer le reſte du jour dans cette même Hôtellerie. Chimene qui avoit de l'eſprit & des talens leur fournit mille amuſemens dont il auroit pû ſe paſſer, car la reſſemblance de Pantaſilée occupoit ſuffiſamment D. Maria, & les yeux de cette même Pantaſilée faiſoient un grand effet ſur le cœur de D. Fernand, d'un autre côté D. Alonſo par ſa gayeté, ſa vivacité & ſon eſprit tiroit parti de tout pour les amuſer & ſe divertir ſoi-même ; enfin les Dames après s'être jointes aux jeux & aux danſes que Chimene avoit raſſemblés, ſe retirerent avec les différentes idées, qui les avoient occupées dans le jour. Les Voyageurs ſe coucherent de bonne heure dans le deſſein de partir le lendemain à la pointe du jour; il ne leur arriva rien dans la nuit qui pût mettre obſtacle à leur projet. D. Fernand & Dona Maria preſſerent également Pantaſilée & D. Alonſo de prendre place dans leur caroſſe, & leurs entretiens ne perdirent rien de l'agrément & de la vivacité qu'ils avoient eu la veille, le chemin même leur parut ſi court, qu'ils ſe trouverent à Almagro ſans croire être à peine ſortis des Fauxbourgs de Viſo, ils y dînerent fort gayement & paſſerent le reſte du jour à ſe promener & à voir la Ville qui n'eſt pas ſans beautés, le lendemain toujours plus charmés d'être enſemble, ils dînerent à Melangon & ſe remirent en route; mais au moment qu'ils y penſoient le moins, D. Pantaſilée ſe plaignit d'un ſi grand mal de tête, que leurs plaiſirs ſe changerent en inquiétudes, D. Maria s'empreſſa pour la ſecourir, lui banda la tête avec ſon mouchoir, tandis que ſes plaintes déchiroient le cœur de D. Fernand, qui rendoit à ſes charmes toute la juſtice qu'ils meritoient. D. Maria reſſentit ſi vivement le mal de ſa nouvelle amie, qu'elle la prit dans ſes bras & la fit appuyer ſur ſes genoux. D. Alonſo témoignoit l'inquiétude que ſa niéce lui cauſoit & demanda, quoiqu'il en fût mieux informé que perſonne, ſi l'on étoit bien éloigné du premier Village, il parut apprendre avec ſatisfaction que l'on étoit à une portée de fuſil de l'Hôtellerie de la Carçuela c'eſt un mauvais gîte, dirent les cochers, n'importe, nous y trouverons du ſecours, s'écrierent les maîtres. Le mal de Pantasilée parut redoubler, elle suplia son oncle de la descendre du carosse dont le mouvement, disoit-elle, lui étoit insuportable. La compagnie mit pied à terre, D. Fernand & D. Alonso tenoient la malade sous les bras & eurent le chagrin de la voir tomber évanouie. Dona Maria lui jetta de l'eau de senteur au visage, mais les larmes dont elle l'arrosa en la baignant de ses larmes, furent plus efficaces pour la faire revenir; quelle joie pour toute cette compagnie, on porta la malade à

Carçuela, on la mit ſur le lit de l'Hôteſſe pour lui faire prendre quelque repos ; D. Alonſo ſçavoit très-bien qu'il n'y avoit que ce lit dans cette maiſon, on ouvrit les coffres pour donner des confitures à la belle malade, pendant que D. Maria, au chevet de ſon lit lui tenoit les mains & l'accabloit de baiſers, animés par le ſouvenir de ſon cher D. Franceſco. Pantaſilée loin de s'oppoſer à ſes careſſes, approchoit ſes lévres des ſiennes & la baiſoit avec des ſoupirs ſi tendres qu'elle demeuroit pâmée dans ſes bras. La nuit approchoit, quand

D. Fernand & D. Alonſo vinrent pour rendre viſite à la malade, & la trouverent riante & parfaitement rétablie : je n'ai eu, leur dit-elle, qu'un accident paſſager qui ne m'a donné que plus d'appétit, & plus d'envie de m'amuſer comme nous avons fait ces derniers jours, les Cavaliers charmés de la voir en ſi bonne diſpoſition, chercherent à la diſſiper par tous les contes qu'ils purent inventer & qu'ils continuerent juſqu'à l'arrivée d'un Page qui vint les avertir que le ſouper étoit ſervi ; quand il fut fini, ils firent un tour de promenade, pour faire digeſtion, ils revinrent au logis pour ſe coucher de bonne heure, & repartir de même, ils dirent en entrant à l'Hôteſſe de mettre promptement des draps blancs dans les lits; mais elle qui n'en avoit point d'autres que le ſien: leur répondit, je ſuis ſurpriſe que des perſonnes comme vous, qui ſans doute avez voyagé dans toutes les Eſpagnes, ne ſçachiez pas que dans les Hôtelleries comme celles-ci, dans leſquelles les Voyageurs ne font jamais que dîner, il ne s'y trouve point de lit, sans l'accident de de cette belle Dame, vous ne vous ſeriez pas plus arrêté ici que les autres, tout ce que je puis faire c'eſt de céder & d'accomoder mon lit pour ces Dames ; pour vous, Meſſieurs, je vous conſeille de vous amuſer cette nuit avec ces cartes que j'ai pris la précaution de vous apporter. D. Fernand approuva la propoſition, en diſant, j'ai paſſé de plus mauvaiſes nuits ; il auroit eu bien peu de mémoire s'il avoit déja oublié celle de Viſo ; Couchez-vous, Meſdames quand vous voudrez, continua-t-il, nous allons nous amuſer ; je vous recommande bien ma femme, ajouta-t-il en riant, & s'adreſſant à Pantaſilée. Les Dames firent d'abord quelques façons & dirent qu'elles leur tiendroient compagnie, & qu'il étoit juſte qu'elles partageaſſent leur incommodité. Les Cavaliers bien éloignés d'y conſentir, repréſenterent le repos néceſſaire à la ſanté de Pantaſilée. Les Dames allerent donc ſe coucher, & les Cavaliers ſe mirent au jeu.

Il eſt tems ou jamais d'apprendre au Lecteur, qui peut-être en a déja quelques ſoupçons, que cette belle Pantaſilée étoit D. Franceſco, celui que Dona Maria avoit tant aimé avant ſon mariage, & c'eſt ici le lieu & le moment de conter cette hiſtoire.

D. Franceſco étoit fils d'un Duc, & l'on peut juger des charmes de ſa figure, puiſqu'il ſoutenoit les habillemens de femme avec un avantage toujours difficile à un homme, quelque beau que la nature l'ait formé. Son pere l'envoya étudier dans l'Univerſité d'Oſmus, alors ſi célébre en Eſpagne. D. Maria habitoit cette même Ville avec toute ſa famille, & le haſard voulut que ſa maiſon ſe trouvât vis-à-vis le logement que D. Franceſco vint occuper. La premiere fois que cette Belle parut à ſa fenêtre, il en devint amoureux, & trouva bientôt les moyens de lui prouver l'ardeur de ſes ſentimens, il eut le bonheur de les voir acceptés. Leurs amours furent ignorés, mais enfin leurs deſirs s'accrurent, & ne pouvant s'empêcher d'en venir au point que tous les Amans déſirent, ils y parvinrent après que D. Franceſco eut à la vérité promis à Dona Maria de l'épouſer. Ce mariage étoit bien diſproportionné du côté de la naiſſance & des biens, & le Gouverneur de D. Franceſco ayant été informé de ce qui s'étoit paſſé, ne put ſe diſpenſer d'en donner avis à ſon pere. L'inégalité des biens eſt depuis longtems une raiſon de chagrin pour les familles, mais la vanité rend celle de la naiſſance encore plus ſenſible, ainſi le pere de D.Franceſco penſa perdre l'eſprit en apprenant ces nouvelles, il prit la poſte pour empêcher ce mariage, & il arriva à Oſmus dans le moment qu'il alloit être célébré. L'arrivée du Duc dérangea tout, il s'emporta contre ſon fils & le fit partir pour la Flandres, regardant l'abſence & l'éloignement de la beauté qu'il aimoit comme le ſeul remède; le ton de hauteur & de mépris que le Duc employa, en parlant de la famille de Dona Maria, fut au moment de lui attirer un combat; D. Pedro pere de Dona Maria lui ſoutint avec aſſez de vérité qu'il étoit de meilleure Maiſon que lui, quoiqu'il ne fût que ſimple Gentilhomme, ils furent au moment de ſe battre, mais on les ſépara, & le vieux Duc retourna chez lui, après avoir vû prendre à ſon fils la route de Flandres.

D. Pedro cependant pour étouffer le bruit & l'éclat de cette affaire réſolut de marier ſa fille le plûtôt qu'il lui ſeroit poſſible, un de ſes amis lui propoſa D. Fernand, & il l'accepta ſans difficulté.

D. Franceſco étoit abſent depuis deux ans lorſque ſa mere lui dépêcha un Courier pour lui apprendre la mort de ſon pere & lui ordonner de revenir au plûtôt en Eſpagne. Cet ordre ne lui fut pas deſagréable, malgré les nouvelles amours qui l'auroient pu retenir dans ce pays & malgré les faveurs qu'il avoit obtenuës sous promesse de mariage, j'ai toujours été étonné qu'un homme aussi beau que D. Francesco n'eût que des bonnes fortunes de mariage, il me semble que ce n'étoit pas la peine. Quoiqu'il en soit, son inconstance lui rappella l'idée de D. Maria & lui fit prendre la résolution d'abandonner sa nouvelle Maîtresse pour venir au plûtôt l'épouser, il partit donc de Bruxelles, sans prendre congé de personne, & fit une si grande diligence qu'il arriva quinze jours après dans ſa maiſon, il n'y ſéjourna que le tems néceſſaire pour ſe repoſer des fatigues de la poſte, & pour rendre ce qu'il devoit à la mémoire de ſon pere ; auſſitôt il ſe rendit à Oſmus où il apprit le mariage de ſa Maîtreſſe, il en fut ſi touché qu'il en tomba malade ; la jeuneſſe & les réfléxions qui lui perſuadérent qu'il auroit Dona Maria de quelque façon que ce fût, rétablirent bientôt ſa ſanté. Inſtruit de tout ce qui regardoit ſon ancienne Maîtreſſe, il partit le plûtôt qu'il lui fut poſſible pour ſe rendre à Ubeda, où l'on a vu que D. Fernand faiſoit ſon ſéjour ordinaire ; à peine y fut-il arrivé, qu'on lui dit que celle qui lui faiſoit faire tant de chemin, partoit elle-même inceſſament pour la Cour. Ce contre-tems l'auroit déſeſpéré, car les déſirs contredits portent volontiers au déſeſpoir, mais D. Alonſo étoit heureuſement avec lui, il ne l'avoit point quitté pendant tout ſes voyages ; ce Gentilhomme l'amoit & avoit l'eſprit expédient, il l'empêcha de courir indiſcrétement, comme il le vouloit faire, au Château de D. Fernand, & lui conſeilla de s'habiller en femme, de paſſer pour ſa niéce, de joindre les voyageurs ſur leur route & lui promit d'arranger ſi bien toutes choſes qu'il pourroit jouir de Dona Maria, quoiqu'elle fût avec ſon mari, il pouſſa même la confiance au point de s'engager à le faire coucher avec elle en ſa préſence. A quoi l'amour ne conſent-il pas, pour arriver à la jouiſſance de ce qu'il aime? D. Franceſco fit faire des habits pour lui & pour un de ſes Pages, qu'il érigea en Demoiſelle ſuivante, & tout ce qu'il falloit étant préparé, il partit d'Ubeda le ſoir du même jour que D. Fernand & Dona Maria, & il n'arriva, comme on l'a vû, que le lendemain ſur les neuf heures au Bourg de Viſo.

Les Cavaliers déterminés à paſſer la nuit au jeu s'établirent dans la ſalle où ils avoient ſoupé, & l'hôteſſe conduiſit les Dames dans ſa chambre qu'elles trouverent auſſi parée que le lit bien propre & bien arrangé, leurs femmes les deshabillerent, les mirent au lit, tirerent les rideaux, ſortirent & emporterent la clef ſuivant l'ordre de D. Pantaſilée, qui ſous prétexte de ſa ſanté, ne vouloit point être importunée.

D. Franceſco ſe trouvant ſi près de la perſonne dont il déſiroit la jouiſſance avec tant d'ardeur, craignit d'abord de ſe faire connoître: l'indiſcrétion d'une pareille ſurpriſe & les oppoſitions de D. Maria le faiſoient trembler, car la crainte accompagne le deſir, mais entrelaſſant ſes jambes avec celles de ſa maîtreſſe, tantôt lui baiſant la gorge, tantôt lui donnant les baiſers les plus vifs, il lui diſoit les choſes les plus tendres & les plus animées. D. Maria consentoit à tout, répondoit même à ce qu'il lui témoignoit sans pouvoir se rendre compte de ses idées. Enfin D. Francesco ne pouvant résister à une situation si pressante, au milieu des soupirs les plus brûlans, se fit connoître pour ce qu'il étoit, & fit l'aveu du parti que l'amour lui avoit fait prendre pour la revoir & la retrouver dans ses bras. Un pere après avoir pleuré la mort de son fils, ne l'embrasse point en le voyant en bonne santé avec un transport égal à celui de D. Maria, en reconnoissant son ancien ami, ſa joie fut ſi grande, qu'elle fut muette, & quoique le toucher ſoit élégant, il étoit nuit, D. Franceſco ne pouvoit lire dans les yeux de ce qu'il aimoit, allarmé de ſon ſilence, il fit comme l'amoureux Pigeon, qui voyant ſouffrir ſa tendre Colombe d'un épi qui lui eſt demeuré dans la gorge, fait tous ſes efforts avec ſon bec pour le lui ôter. De même il ne négligea aucune careſſe pour l'engager à lui parler. Mais D. Maria éperduë d'amour & de deſirs, reprenant ſes eſprits redoubla la vivacité de ſes embraſſemens & la chaleur de ſes ſoupirs. Quelle réponſe, qui ne voudroit la recevoir ; leur bonheur étoit ſi complet, qu'ils furent longtems dans cette yvreſſe muette. Qui peut décrire une pareille ſituation ! elle eſt au-deſſus des mots & du ſtile, je la penſe, je la deſire, que chaque Lecteur en faſſe autant. Tout ce que je dois raporter comme Hiſtorien fidéle, c'eſt que le cocq avoit déja pluſieurs fois annoncé le retour du Soleil, ſans que ni l'un ni l'autre eût témoigné la moindre foibleſſe dans le combat, tant leurs armes furent égales. Enfin accablés de lassitude, ils se rendirent au sommeil, mais l'amour ne les laissa pas longtems dans un aussi honteux repos, & les réveilla pour recommencer, ce qu'ils firent avec une si grande opiniâtreté, qu'à la fin D. Francesco ne pouvant résister à la vivacité & à l'ardeur de D. Maria, se reconnut pour vaincu, alors ils s'accablerent de ces tendres caresses que la lassitude permet encore, & qui sont la preuve & le triomphe du cœur.

D. Fernand & D. Alonso continuoient leur partie,

quoique le Soleil fût déja levé, l'un piqué de ſa perte ne penſoit point à y mettre fin, l'autre paroiſſoit y être attaché par une politeſſe de beau joueur, mais en effet pour prolonger le plaiſir que ſon maître devòir gouter, auſſi nos heureux Amans eurent le tems de contempler leurs charmes au grand jour, de ſe conter tout ce qui leur étoit arrivé depuis une ſi longue ſéparation, & d'arranger leur conduite pour l'avenir. Le tems s'écoula très-vîte dans ces douces occupations, & ils entendirent avec regret leurs femmes ouvrir la porte & les engager à ſe lever, ce qu'elles firent promptement pour empêcher D. Fernand & D. Alonſo de les trouver dans un lit, qui non plus que leurs parures n'étoit pas en état de recevoir des viſites. Elles étoient à peine habillées que les Cavaliers entrerent dans leurs chambres, ils contérent les évenemens de leur jeu, qui n'avoient pas été conſidérables, & D. Fernand fit pluſieurs plaiſanteries à ſa femme ſur la nuit qu'elle avoit paſſée, plus vrayes qu'elle ne les croyoit. Charmé de la bonne ſanté de

Pantasilée, elle lui parut seulement un peu abattuë, & il lui conseilla de se ménager, ils partirent, & l'hôte & l'hôtesse furent récompensés magnifiquement, & en secret par D. Alonso des soins qu'ils s'étoient donnés, & de la façon dont ils avoient executé ses ordres.

Les Voyageurs monterent dans leur voiture, les désirs de l'un, & la satisfaction des autres rendirent la conversation plus brillante qu'elle n'avoit encore été. La Carçuela d'où ils partirent n'est éloignée que de dix lieues de la fameuse Ville de Tolede, mais le chemin eſt ſi beau que l'on a peine à retenir l'ardeur des chevaux, il y parut, car nos Voyageurs ſe trouverent de très-bonne heure à la vûë de Tolede, le coup d'œil en eſt ſi magnifique que les Dames deſcendirent de caroſſe à une demie lieue de la Ville pour admirer le beau Château qui la commande & qui lui ſert d'ornement. Le Château, ou les belles Eaux du Tage, conduites par le fameux Juvanel retombent dans des Fontaines de jaſpe d'un travail admirable pour embellir ſes cours & ſes jardins, la magnificence & la grandeur immenſe de la principale Egliſe dans laquelle le bienheureux Ildefonſe reçut la Chaſuble de la Sainte Vierge, ne cauſe point une moindre admiration, même en ne la voyant que de loin.

Tant de beauté & pluſieurs autres que l'on découvre en approchant de Tolede charmerent Dona Maria & ſes femmes & les engagerent à ſupplier D. Fernand de ſéjourner quelques jours dans cette Ville pour lui donner le tems de les admirer. D. Fernand à qui tout étoit indifférend, pourvû qu'il ne fût point ſeparé de Pantaſi-lée, dont à chaque moment il devenoit plus amoureux, leur répondit, je n'ai point de volonté en ſi bonne compagnie, ſi Madame & Monſieur ſon oncle approuvent votre demande, elle me fera grand plaiſir ; cette grace ne fut pas difficile à obtenir ; mais D. Alonſo, pour rendte la choſe encore plus vraiſemblable & hors de tout ſoupçon, ajouta que cet arrangement lui faiſoit d'autant plus de plaiſir, qu'il termineroit une affaire importante qu'il avoit à Tolede, à laquelle il n'avoit pas voulu penſer dans la crainte de quitter un moment une auſſi bonne compagnie. Leur diſcours fut interrompu par la vuë de plusieurs hommes à cheval qui venoient de leur côté. D. Alonſo demanda à un Cavalier qui le précedoit, quelle étoit cette compagnie, il lui répondit que ceux qui le ſuivoient étoient des Gentils-hommes du pays qui revenoient de la Ville où ils avoient vû un combat de Taureaux. D. Alonſo propoſa aux Dames, pour éviter d'être examinés par tous ceux qui alloient paſſer, de faire revenir leur caroſſe qu'elles

avoient

avoient envoyé devant, mais le trouvant trop éloigné, ils resolurent d'entrer dans la Forêt, où la beauté & la fraicheur de l'ombre les invitoit d'autant plus de prendre quelque repos, qu'ils pouvoient y demeurer plus d'une heure & cependant entrer dans Tolede avant la nuit. Ils suivirent un petit sentier qui les y conduisit, ils choisirent le lieu le plus couvert & le plus émaillé de fleurs pour s'asseoir, ils jouissoient des charmes de la nature, du chant des Rossignols, plaisirs purs augmentés par celui d'être ensemble, lorſqu'une voix de femme, aſſez près d'eux pour être entenduë diſtinctement, les retira de toute autre attention, ils avoient raiſon de s'y prêter, la voix & les paroles méritoient d'être écoutées; quand l'air fut achevé, ils entendirent des plaintes & des regrets, formés par une autre voix d'autant plus capable d'attendrir que les horreurs d'une infidélité dont on ſe plaignoit étoient interrompuës par des ſoupirs, des pleurs & des ſanglots; ceux qui ont le cœur rempli d'amour compatiſſent le plus à tous les malheureux; auſſi D.

Maria, D. Pantasilée & Don Fernand plus attendris encore que curieux se leverent pour regarder celle dont le sort leur paroissoit si touchant, ils dérangerent quelques branches d'arbre, & virent une Dame assise sur les bords d'un ruisseau, mais elle leur tournoit le dos, ses beaux cheveux assez mal en ordre, flottoient au gré du vent, elle étoit vétuë d'une robbe de velours noir à fleurs en broderie d'argent, au milieu de chaque fleur il y avoit une étoile bordée d'un cristal transparent & accompagnée d'un bouton de semence de perles, nos voyageurs impatiens de voir le visage de cette beauté, étoient au moment de s'en approcher, quand deux Demoiselles très-bien faites, vinrent auprès d'elle, ce qui les engagea à suspendre leur resolution; la plus âgée de ces Demoiselles se mit aux côtés de cette belle affligée & lui dit avec une espece de colére, je sçais qu'il est inutile de vous rappeller la raison, mais votre douleur me met au désespoir, elle me coutera la vie, vous connoissez mon attachement, c'est moi qui vous ai élevée, si le désespoir vous étoit de quelque utilité je m'y soumettrois, mais il ne peut servir qu'à diminuer votre beauté & qu'à vous rendre moins touchante aux yeux de votre perfide époux, & à ceux du Prince à qui vous demandez justice, vous étiez plus tranquille, votre cœur se livroit il y a quelques jours à l'esperance, qui peut redoubler la douleur que vous temoignez aujourd'hui ? ces discours & d'autres semblables apporterent quelque consolation à cette belle affligée, au point même qu'elle consentit à laisser accomoder sa parure & aranger ses cheveux, mais tous ces mouvemens & ceux qu'elle fit pour se lever, ne laisserent jamais à nos curieux la satisfaction de la voir au visage, & suivie de ces Demoiselles elle entra dans le bois, où ils la perdirent de vuë, peu satisfaits de ce côté, ils sortirent aussi de la forêt dans l'esperance de trouver quelque moyen de contenter leur curiosité, ils suivirent le chemin qui les avoit amenés, en parlant de cette avanture, la seule Pantasilée ne disoit rien & rêvoit profondément. D. Fernand la voyant si triste, s'approcha d'elle pour en ſçavoir la raiſon, D. Maria & D. Alonſo marcherent un peu plus vîte & prirent les devans pour leur laiſſer la liberté de s'entretenir ; en effet après avoir pouſſé quelques ſoupirs, D. Fernand lui déclara ſon amour dans les termes les plus vifs & les plus tendres ; malgré l'envie de rire qui prit à Pantaſilée & qu'elle ſçut retenir, elle baiſſa modeſtement les yeux & lui dit à voix baſſe, que les hommes étoient des trompeurs auſquels il ne falloit pas ſe fier, D. Fernand lui répondit par des ſermens, & Pantaſilée ne ſçachant que lui dire, ſe contenta de le regarder tendrement & d'achever de l'embrâſer par ſes regards; il voulut auſſi-tôt profiter de l'occaſion & la ſaiſir dans ſes bras, mais elle ſe ſervit des ſiens qu'elle avoit plus dignement employés la nuit précedente, pour le repouſſer & s'échaper en lui diſant : croiez-vous, téméraire, que la force ſoit un moyen capable de me ſéduire, je veux bien vous la pardonner, répondit-elle enſuite aux excuſes qu'il lui demanda, croiez-moi, ſoyez plus ſage à l'avenir, continua-t'elle, cependant joignons la compagnie, je ne voudrois pas que mon oncle eût le moindre ſoupçon de ce qui s'eſt paſſé, & le tems me fera connoître les ſentimens que vous avez pour moi, ce qu'il y a de certain, c'eſt que je ſerois fâchée de cauſer la mort à un Cavalier ſi accompli. D. Fernand ne s'étoit pas attendu à une réponſe ſi favorable, il en fut enchanté, & ils rejoignirent D. Maria & D. Alonſo qui s'étoient arrêtés pour faire des queſtions aux gens d'un équipage qui paroiſſoit attendre quelqu'un, ils apprirent d'eux qu'ils appartenoient à un des plus grands Seigneurs de Tolede, qui les avoit chargés de conduire une Dame étrangere qui avoit désiré de prendre l'air dans la forêt : ce discours les mettoit trop sur les voyes de leur curiosité pour ne leur pas demander le nom de l'Inconnuë, qu'ils avoient nommée la Dame aux étoiles ; les domestiques répondirent qu'ils l'ignoroient, qu'ils sçavoient seulement que c'étoit une grande Dame, & que le Roi l'avoit fort bien reçue quand elle lui avoit présenté une lettre de l'Infante de Flandres ; ils ajouterent qu'elle étoit d'une beauté achevée & qu'elle logeoit dans le meilleur Cabaret de toute la Castille, sur la place de Cocober, nos Voyageurs n'en pouvant tirer davantage, résolurent de descendre dans la même maison pour la connoître plus aisément, ils se rendirent auprès du vieux Château, leurs Gens les attendoient, ils monterent en carosse, & passant par la porte du Pont, ils se rendirent promptement dans la Maison qu'on leur avoit indiquée. La Dame aux étoiles ne rentra que la nuit, ainsi D. Fernand & sa compagnie ne purent la voir, & les questions qu'ils firent ne leur en apprirent pas davantage.

Pendant ce tems, voyons ce qui se passoit au Viso. D. Fernand avoit laissé son manteau dans la chambre de Catalina, trop heureux d'en être quitte à si bon marché. Dès le même jour Rodrigue aussi intéressé que mauvais sujet, partit de très-bon matin pour aller à Santa Crux vendre ledit manteau; son premier soin fut d'aller trouver un frippier de sa connoissance, le plus habile des hommes pour sçavoir métamorphoser, & déguiser toutes ſortes d'habillemens au point de les pouvoir revendre à ceux même qui les avoient perdus. Le fripier lui promit de ſe rendre dans le moment à l'hôtellerie où il avoit laiſſé ſes hardes, & où il concluroit inceſſamment ſon marché. Rodrigue étoit à peine revenu l'attendre, qu'il fut arrêté & ſaiſi par deux Sergens, qui ſuffiſamment animés par le plaiſir d'arrêter un homme ſans défenſe, l'étoient encore par un huiſſier qui crioit comme un côme de galere; arrêtez, tenez-le bien, prenez garde qu'il ne vous échape, ſelon le ſignalement que l'on m'a donné, c'eſt le voleur que nous cherchons. Rodrigue ſe voyant pris & nommé du nom qu'il méritoit ſi bien, fut ſi étonné, qu'au lieu de répondre, il ne faiſoit que béguayer & balbutier à toutes les queſtions que l'huiſſier lui faiſoit. Son trouble & ſon embarras ne ſervirent qu'à confirmer qu'il étoit celui après lequel ils couroient; on le fit entrer dans la chambre que l'hôte lui avoit donnée en arrivant, où tous les recors de la ville arriverent pour prêter main-forte & pour dérober ce qu'ils trouveroient à l'écart & mal ſerré. Ils commencérent par mettre Rodrigue en chemiſe & l'examinerent fil à fil; mais n'ayant trouvé que quinze ou vingt réales, dont l'huiſſier ſe rendit maître, ils examinérent ſes beſaces & n'eurent pas de peine à y trouver le manteau de D. Fernand. Je veux, dit alors l'huiſſier, qu'on me coupe les oreilles, ſi cet homme n'eſt pas un voleur de grand chemin, ſa phiſionomie & ce manteau, qu'il a ſans doute volé, me le font croire. Rodrigue qui s'étoit un peu raſſuré, lui répondit, je jure, qu'excepté le Roi, on ne pourroit trouver un plus honnête homme que moi dans toutes les Espagnes; mais peu accoûtumé à se trouver innocent de ce dont on l'accusoit, il en devint si fier, qu'il en devint insolent, & dit tant d'injures ou de vérités à l'huissier, que celui-ci piqué, malgré l'hôte, qui crioit qu'on le laissât aller, qu'il se rendoit sa caution, malgré la parole de celui qui avoit mis les archers en campagne, & qui leur juroit qu'il n'étoit pas son voleur, que l'huissier, dis-je, lui fit donner mille coups en le traînant

en

en prison. L'hôte qui connoissoit Rodrigue, envoya promptement au Viso avertir Osmin son ami de l'avanture de son neveu, il ne fut pas longtems à se rendre à Santa Crux, qui n'en est éloigné que de deux lieuës. Il sollicita si vivement, fournit tant de témoins irréprochables, & donna de si bonnes raisons, ausquelles il joignit sagement quelqu'argent, qu'en moins de deux jours Rodrigue fut absolument déchargé de l'accusation du manteau, & mis hors de prison avec la réputation d'être le plus honnête homme du pays.

L'oncle & le neveu prirent le chemin du Viſo, emporterent avec eux le fatal manteau qui leur coûtoit alors au moins autant que s'ils l'avoient acheté tout neuf. Dans le chemin Oſmin demanda à Rodrigue d'où lui venoit ce diable de manteau : cette queſtion l'embaraſſa, pour les raiſons dont on peut ſe ſouvenir ; mais voyant qu'il vouloit en être inſtruit, & jugeant de plus que néceſſairement la vérité lui ſeroit connuë tôt ou tard : nous avons fait une grande faute ma femme &

moi, lui répondit-il, de vous cacher ce qui s'eſt paſſé. Que veux-tu dire ? reprit Oſmin ; c'eſt, pourſuivit Rodrigue, un manteau qne ma femme a pris à un de ces cavaliets qui ſuivoient ce Seigneur qui a couché chez vous lorſque j'étois abſent. Je ne me ſouviens pas de cela, lui répondit Oſmin, il y a plus de deux ans qu'il ne s'eſt perdu de manteau dans ma maiſon, & quoique l'âge commence à faire tort à ma mémoire, je ne puis l'avoir oublié ; il y a donc quelque miſtére ſous ce manteau, ajoute Rodrigue, car pourquoi ma femme m'auroit-elle dit ce que je viens de vous conter : crois-moi, reprit Osmin, ta femme s'est moquée de toi, ou toi-même tu veux m'en donner à garder, & tu l'as volé quelque autre part. Je ne puis vous rien répondre, dit Rodrigue, mais en arrivant au Viso vous serez convaincu de mon innocence. Avec de semblables discours, ausquels ils joignirent le compte de leur dépense, ils ariverent, & le premier soin d'Osmin fut de délier en présence de sa niéce, d'un valet & d'une servante, les seuls domestiques de sa maiſon, le ſac de Rodrigue : il en tira le manteau & leur demanda s'ils ne pouvoient lui dire à qui il avoit appartenu, de ceux qui avoient logé chez lui dans le tems que Rodrigue étoit abſent. Le valet dit d'abord : il n'y a pas aſſez longtems pour l'avoir oublié ; c'eſt à ce Cavalier, qui coucha ici avec ſa femme la même nuit que votre neveu eſt revenu. Ambroiſe a raiſon, ajouta la ſervante, je le reconnois très-bien à ce galon & à la doublure, d'autant que D. Fernand me le donna en arrivant, & que je le portai dans la chambre du maître, où il demeura jufqu'à ce qu'un de fes Pages le vint chercher. Rien n'eft plus vrai, dit alors Ofmin, je m'en fouviens, oui c'eft le manteau de D. Fernand, il n'y a plus de doute à cela. Catalina qui fe voyoit au moment d'être convaincue ne difoit mot, & ne pouvoit trouver de fineffe pour oppofer à des indices fi clairs. Quand le chapelet des circonftances commence à défiler aux yeux d'un mari jaloux, la chofe va bien vîte ordinairement. Le nom de D. Fernand qui avoit été prononcé, donna d'abord du ſoupçon à Rodrigue;il ſe ſouvint d'avoir vû le lendemain de ſon arrivée le syeux de ſa femme cotinuellement attachés ſur ce Cavalier & tous les indices ſe rapportans à lui faire voir l'injure qui lui avoit été faite, il conclut que ce manteau étoit une preuve évidente de l'infidélité de ſa femme; dans cette idée, il la prit par la main, & la fit entrer dans la chambre de ſon oncle, qui les ſuivit, il ferma la porte & lui dit: je veux tout à l'heure être éclairci, & je jure que ſi cette effrontée ne me confeſſe pas la vérité, je la pendrai tout à l'heure à cette fenêtre, ensuite il fit à Osmin le récit de toutes les ruses, les finesses, enfin de tous les moyens qu'elle avoit employés pour faire sortir D. Fernand de sa chambre, qui sans doute, disoit-il, ne pouvoit être que sous le lit; Catalina ne faisoit que pleurer, mais Rodrigue transporté de colere & de fureur, prit une corde & lui dit: Si tu veux vivre pour avoir le tems de pleurer tes péchés, répons franchement à ce que je te demanderai, je te pardonnerai si tu promets de m'être plus fidelle à l'avenir, ſans cela cette corde va te punir & ſatisfaire ma vengeance. Catalina pénétrée de douleur & de crainte, regarda ſon mari d'une façon ſi touchante, qu'un Barbare en eût été attendri, confeſſa tout, & finit en demandant pardon, & c'eſt par parentheſe ce qu'une femme ne doit jamais faire que d'avouer; après un tel aveu, qui coute infiniment à la nature, elle tomba évanouie, & le mari courut à elle pour la poignarder, il auroit exécuté ſon deſſein, ſi ſon oncle touché de l'état de cette malheureuſe femme, ne l'en eût empêché : Laiſſe-la vivre, lui dit-il, c'eſt la plus grande vengeance que tu puiſſe exercer ; la crainte de la mort eſt plus affreuſe que la mort même : Je ſuis, continua-t'il, preſqu'autant offenſé que toi dans cette affaire, voyons enſemble le parti que nous prendrons, & ſurtout ne publions point une diſgrace qui n'eſt heureuſement connuë que de nous. Ne regarde pas cette ignorance du public comme une bagatelle, bien des gens feroient bon marché de leur honneur, s'ils étoient aſſurés que perſonne ne connoîtroit leur infamie, crois-moi, remets ton poignard, & prens garde de rien faire dont tu puisses te repentir, viens avec moi & laissons-la pour ce qu'elle peut valoir. En achevant ces mots, il le fit sortir, ferma la chambre où la pauvre Catalina étoit encore évanouie, il conduisit Rodrigue dans un cabinet, tira d'un coffre fort un sac dans lequel il y avoit environ six cent reales & lui dit :

L'homme le plus sage & le plus modéré ne pouroit résister à la fureur que doit causer le malheur qui t'est arrivé, ton caractére te met encore moins dans l'impossibilité de pardonner à ta femme, mais je vous aime l'un & l'autre, & je vous regarde comme mes enfans, je n'ai point d'autres héritiers, ainsi je voudrois vous conserver ; mais voyant que cette affaire ne peut finir que par quelqu'événement funeste & peut-être par la perte de tous les deux, si l'un ou l'autre ne prend le parti de s'éloigner, mon âge & mon expérience qui m'en assurent, me fournissent aussi un expédient, prens cet argent & un Cheval que je te donnerai, pars & va servir le Roy dans quelqu'une de ſes Armées; je ſuis perſuadé que le tems te fera oublier ce qui s'eſt paſſé, & je te répons que tu trouveras ta femme à ton retour comme tu pouras la deſirer, car celles à qui de pareils accidens ſont arrivés, ne parlent le reſte de leur vie à leurs maris qu'avec beaucoup de reſpect & ne s'étudient qu'à leur obéir, perſuadées avec raiſon, qu'elles ont perdu le droit de commander dans la maiſon. Ce diſcours ſenſé perſuada Rodrigue, il étoit jeune, hardi & ſuffiſant, il croyoit même avoir beaucoup d'acquit, car avant ſon mariage il avoit vû les Fauxbourgs de Malaga, la Pêcherie de Velez, les Olivettes de Valence, les Ventilles de Tolède, la Place de Cordoüe & celle du Marché de Ségovie; ainſi dans ce moment il ſe repréſenta la joye qu'il auroit de paroître dans le Pays & aux yeux de tous ceux qui l'avoient vû mal en ordre, dans un équipage différent, il reçut donc les ſix cent réales & en préféra trois cent autres au Cheval qu'Oſmin lui avoit offert, il aima mieux faire ſon voyage à pied. Il partit ſans voir ſa femme & prit le chemin de la Manche, laissons le aller & revenons à Toléde.

A huit heures du matin tout le monde étoit levé dans l'Auberge à la réserve de D. Fernand & de Dona Pantasilée, tourmentés de leurs amours, ils n'avoient pû dormir. D. Francesco ne pouvoit oublier la bonne nuit qu'il avoit passé la veille à Carçuela, il se regardoit comme le plus fortuné des hommes & donnoit mille éloges à l'adresse de D. Alonso; & les plaisirs qu'il avoit goutés, lui faisoient désirer avec plus d'ardeur de les éprouver encore, mais les moyens lui paroissoient d'autant plus impossibles, qu'il ne pouvoit conserver plus longtems son déguisement. Occupé de ces idées, il feignit de se trouver incommodé, pour demeurer dans son lit & rêver plus librement. Cependant D. Alonso engagea D. Fernand, que son impatience amoureuse avoit enfin fait lever, à prendre le frais & à se promener dans une grande galerie de la maison exposée au nord & qui donnoit sur la place de Cocodouer, il avoit imaginé ce moyen pour donner le tems à Dona Maria de rendre viſite à Pantaſilée ; elle étoit trop aviſée pour ne pas profiter de l'occaſion, auſſi d'abord qu'elle s'apperçut de l'éloignement de ſon mari, elle alla dans ſa chambre, ils trouvérent aiſément des prétextes pour éloigner leurs Domeſtiques, & profitérent vivement de cette liberté, mais D. Fernand étoit trop amoureux pour demeurer longtems éloigné de ſon objet, D. Alonſo ne put le retenir malgré toute ſon adreſſe, & il voulut abſolument revenir ſçavoir des nouvelles de Pantaſilée, il fut au moment de ſurprendre nos

Amans, car ils ſe préparoient à recommencer, mais Dieu permit que ce malheur n'arrivât point & qu'il ne s'apperçût de rien, il s'aſſit au chevet du lit de la prétenduë malade, Dona Maria & D. Alonſo s'éloignérent & ſortirent même de la chambre pour leur laiſſer la liberté de s'entretenir, il lui témoigna ſur ſa ſanté toute la curioſité & tout l'intérêt de l'amour ou du déſir qui l'occupoit. Pantaſilée lui répondit en baiſſant la voix & en pouſſant quelques ſoupirs, que l'amour qu'il lui avoit inſpiré, l'avoit empêchée de dormir,

& que les discours charmans qu'il lui avoit tenus la veille l'avoient occupée toute la nuit. D. Fernand voulut lui témoigner l'excès de son ravissement, mais quelques Domestiques qui entrérent, sans doute par les soins de D. Alonso, interrompirent tous ses transports & l'obligérent à les modérer : quelque tems après D. Fernand voyant arriver D. Alonso, fut obligé de sortir par bienséance ; la fausse Pantasilée fit alors asseoir son oncle prétendu sur son lit, lui témoigna la plus vive reconnoissance de ce qu'il avoit deja fait en ſa faveur, l'extrême envie qu'il avoit de lui en donner des preuves, mais il faut achever, mon cher Alonſo, dit-il en l'embraſſant, ce que tu as conduit avec tant d'adreſſe, je mourrai, ſi tu ne me fais paſſer encore une nuit ſemblable à celle de la Carçuela; je vous la promets, lui répondit Alonſo, mais à quoi vous ſervira-t-elle, ſi chaque fois vous concevez des deſirs plus vifs, je crains à tout inſtant que vous ne ſoyez découvert, à quel malheur Dona Maria & vous ne ſeriez-vous pas expoſés. Je te jure foi de

Gentilhomme, lui répondit D. Francesco, que demain je me séparerai de Dona Maria si tu m'accordes aujourd'hui la grace que je te demande, je sens combien mon déguisement est dangereux pour elle & pour moi dans une aussi grande Ville & si voisine de la Cour. Don Alonso reçut sa parole & voulut qu'il la confirmât encore : Vous sçavez, lui dit-il ensuite, que D. Fernand trompé sur votre sexe vous aime éperdument, montrez-lui beaucoup d'amour ; j'ai déja commencé, interrompit D. Francesco ; tant mieux, reprit Alonſo ; continuez donc aujourd'hui , & dites-lui que vous permettez qu'il vienne coucher cette nuit avec vous, qu'il arrive à onze heures, & qu'il trouvera la porte de votre chambre ouverte , recommandez-lui, ſur-tout, le plus grand ſilence à cauſe de moi, qui ſuis couché dans votre chambre, il vous croira, car de quoi peut douter celui qui aime avec ardeur, à quel riſque l'eſpérance du plaiſir ne fait-elle point expoſer les hommes les plus ſages. Je vais dans le moment parler à la ſervante de ce logis qui m'a paru de bonne composition & incapable de refuser ses faveurs à un cavalier, je lui donnerai dequoi s'acheter une chemise fine de Hollande, une belle coëffure de nuit, & des poudres de senteurs, pour lui faire perdre toutes les odeurs de la cuisine, je lui recommanderai le même silence que vous aurez exigé de D. Fernand, & je lui donnerai rendez-vous à dix heures & demie; vous sortirez un peu avant qu'elle arrive, & vous irez attendre dans la chambre de vos gens, qui auront ordre de laisser leur porte ouverte; j'attendrai la servante dans mon lit, j'en ſortirai ſur le prétexte de quelque beſoin, peu de tems après ſon arrivée, je lui dirai le plus bas que je le pourrai, de m'attendre & j'irai vous trouver dans la chambre de vos gens, où vous ſerez encore, c'eſt à vous à trouver un prétexte pour faire entendre à D. Fernand pourquoi vous ne ſerez pas dans le lit où il vous a vû ce matin, dites-lui bien de prendre à gauche en entrant, il trouvera la ſervante prête à le bien recevoir, & pendant qu'il ſera avec elle, vous irez trouver ſa femme. Après cela la nous n'aurons plus à penſer qu'aux moyens de faire trouver votre ſilence excuſable à Madame votre mere, ſoyez tranquille, je ſçaurai tout raccommoder en nous rendant auprès d'elle. D. Franceſco étoit trop content pour exprimer les obligations qu'il avoit à D. Alonſo, qui le quitta pour aller tout préparer, tandis que ſon maître ſe leva, il fit part de ſes arrangemens à D. Maria ; & donna ſon rendez-vous à D. Fernand, de façon qu'ils attendirent tous la nuit avec une extrême impatience, & même un peu de triſteſſe ;

car plus les désirs sont vifs, & moins ils sont gais.

Avant dix heures D. Francesco sortit de sa chambre & la servante se mit en chemin peu de tems après, selon ses conventions avec D. Alonso. Elle avoit toujours eu envie de sçavoir si les embrassemens d'un cavalier étoient plus agréables que ceux des garçons d'écurie. Qui l'auroit vû au jour, auroit ri de sa coëffure ridicule; elle étoit parée dans le goût d'une fiancée de village, & qui plus parfumée qu'une vieille qui se prépare à un rendez-vous & veut reparer les défauts de l'âge & de la nature.

Quand la ſervante fut arrivée à la chambre où l'attendoit D. Alonſo, elle en ferma doucement la porte & trouva ſans peine le lit qu'il lui avoit indiqué; car elle ſçavoit marcher la nuit. D. Alonſo la reçut dans ſes bras; les parfums & la ſituation lui firent bientôt oublier de quelle eſpéce étoit cette fille, & l'engagerent à la traiter comme une bonne fortune, & bientôt il reconnut au plaiſir qu'il reſſentit, que bien des Dames ne lui auroient pas été plus agréables dans une pareille obſcurité, il ne demeura qu'un quart d'heure avec elle, toujours dans le plus profond ſilence, & l'heure du rendez-vous de ſon maître approchant, il ſortit doucement & vint le trouver dans celle de ſes gens, ils badinerent quelque tems ſur ce qui venoit de ſe paſſer : d'un autre côté D. Fernand qui comptoit les momens pour aller trouver Pantaſilée, ſe leva auſſitôt qu'il entendit ſonner onze heures : il étoit à peine au milieu de la galerie, ſur laquelle les chambres de la maiſon regnoient, qu'il apperçut un ſpectre qui venoit à lui & qui le saisit d'une si grande frayeur, qu'il voulut retourner sur ses pas ; mais la même figure se trouva tout aussitôt devant lui: obligé de s'arrêter, il reconnut clairement que cet objet avoit le visage un peu découvert, il tira son poignard & se colla contre le mur pour se défendre au cas qu'il fût attaqué par cette figure, qui s'approcha si près de lui, qu'à la lueur d'une lampe qui éclairoit la galerie, il reconnut son pere, qui n'étoit mort que depuis quelque tems, & qui, après avoir poussé trois ou quatre soupirs; lui dit avec une voix épouvantable : où vas-tu ? rentre en toi--même, vis en Chrétien, si tu sçavois ce que je souffre en Purgatoire, tu changerois de vie. Pleures tes péchés; car tu mourras demain. A ces mots le spectre disparut, & D. Fernand demeura si troublé, qu'il pleura, demanda pardon à Dieu & n'eut rien de plus pressé que de rentrer dans sa chambre & de se coucher auprès de sa femme, résolu de mourir plûtôt que de commettre un seul péché mortel. Cependant D. Francesco voyant que depuis quelque tems onze heures étoient sonnées, se rendit à la porte de Dona Maria, mais il la trouva fermée. Il y revint plusieurs fois avec aussi peu de succès. Enfin très-inquiet de ce qui pouvoit être arrivé, il se jetta sur le lit d'un de ses valets, où il passa le reste de la nuit. La servante attendit de son côté le retour d'Alonso ; mais voyant qu'il ne paroissoit point, elle se retira dans sa chambre, ne doutant point qu'il ne se fût moqué d'elle.

D. Fernand se leva à six heures du matin & fut se confesser aux Théatins, il entendit la Meſſe, fit ſes prieres & ſortit de l'Egliſe, pour gagner les pardons dans pluſieurs autres, & voulut commencer par la Cathédrale; mais après avoir paſſé l'Alcana ou rue Merciere, en deſcendant une petite rue qui conduit à la grande Egliſe, il rencontra un homme, qui, ſurpris de le voir, s'arrêta, tira ſon poignard & lui en porta un coup auprès de la mamelle gauche, en diſant très-haut: *Meure le traître qui m'a ravi l'honneur.* Il laiſſa le poignard dans le corps & ſe jetta dans l'Egliſe, pluſieurs perſon-

personnes accoururent au ſecours du bleſſé & le portérent dans la maiſon la plus voiſine, où ſelon l'uſage, l'un le conſidéra, l'autre le pleura, l'autre l'interrogea; l'un alla chercher un Chirurgien, l'autre du beaume, un autre arrêta ſon ſang par des charmes que permet l'Inquiſition à cauſe de l'avantage que l'on retire de ces ſaintes paroles; mais les ſoins & les paroles ne lui furent pas d'un grand ſecours. Cependant on entendit des cris & une grande rumeur à la porte de l'Egliſe: une troupe de Sergens & de Commiſſaires vouloit y entrer de force, pour arrêter le meurtrier de D. Fernand, tandis que le Peuple & les Prêtres vouloient les en empêcher. Le bruit fut d'autant plus grand que le coupable fut pris & repris; la Justice crioit d'un côté main-forte au nom du Roi, les Prêtres crioient de l'autre, secourez l'Eglise. La Justice à la fin l'emporta, & malgré les Prêtres le criminel fut conduit en prison. D. Antonio, le Gouverneur de la ville, accourut à ce désordre & fit porter le blessé à son hôtellerie, & l'accompagna lui-même pour s'inftruire de ſa qualité & des cauſes du malheur qui lui étoit arrivé. Les pleurs & les larmes de D. Maria & de tous ſes domeſtiques furent extrêmes, quand on le vit étendu ſur un lit dans une ſalle baſſe où on l'avoit porté. La Dame des Etoilles qui n'avoit point encore paru, accourut au bruit & vint auprès du bleſſé, qui conſoloit ſa femme avec beaucoup de fermeté, & qui la prioit avec inſtance de ne point perdre de tems & de lui faire recevoir ſes Sacremens. La Dame des Etoilles l'ayant conſidéré avec beaucoup d'attention, tomba évanouie, disant, helas! c'est mon cousin. On s'empressa à la porter chez elle, & principalement le Gouverneur, qui, frappé de sa beauté, ne la voulut point quitter. A peine fut-elle sortie que D. Fernand rendit le dernier soûpir; ce fut avec peine que l'on arracha D. Maria d'auprès de son corps: pendant ces entrefaites, la gouvernante de la Dame aux Etoilles qui avoit été à la Messe, & y avoit trouvé D. Francesco & D. Alonso, résolut de ne les point perdre de vue; elle les suivit quand ils accoururent à l'hôtellerie sur le bruit du malheur arrivé à D. Fernand. Elle fut étonnée de les voir entrer dans la maison où elle logeoit : contente de sa découverte, elle vint promptement en avertir sa maîtresse; elle ne s'attendoit pas à la trouver sans connoissance avec beaucoup de gens autour d'elle, empressés à la faire revenir; elle s'en approcha, & quand elle parut reprendre ses esprits, elle la fit absolument revenir, en lui disant tout bas la rencontre qu'elle avoit faite; elle témoigna sa joye & sa surprise, mais elle dit avec tant de vivacité, qu'il falloit promptement en donner avis à la Cour, que le Gouverneur lui fit offre de ſes ſervices & lui déclara ſa qualité : alors elle lui apprit les ordres que le Roy avoit donnés pour faire arrêter un jeune homme qui ſe trouvoit dans cette maiſon déguiſé en femme. D. Antonio envoya ſur le champ des gardes à la porte de la maiſon, avec ordre de n'en laiſſer ſortir perſonne, & ſe trouvant ſeul avec elle, il lui témoigna la curioſité & l'intérêt que lui inſpiroit une auſſi belle perſonne ; & la Dame des Etoiles qui jugea des services qu'il lui pouvoit rendre, ne fit aucune difficulté de le satisfaire, persuadée même que le récit de ses malheurs ne pourroit que le toucher & l'attendrir en sa faveur.

Histoire d'Hortensia de Mendoça.

Vous connoissez la Maison des Mendoça, c'est la mienne; je m'appelle Hortensia & je suis née à Ubeda, une des principales Villes du Royaume de Grenade; j'ai été élevée avec ce Cavalier blessé que vous avez eu le ſoin de faire apporter ici. Enfans de deux freres, liés dès notre plus tendre enfance, j'ai conſervé pour lui une amitié qui m'a rendu ſenſible comme vous l'avez vû à l'état où je l'ai retrouvé. J'avois à peine deux ans, que mon pere partit pour la Flandre avec le commandement d'une compagnie de chevaux legers ſous les ordres du Duc d'Albe. Les importans ſervices qu'il rendit, le firent bientôt parvenir aux grades les plus conſidérables ; mais le bonheur étant toujours mêlé d'amertumes, j'étois âgée de dix ans quand ma mere mourut ; je ne sentis que mediocrement l'étenduë de cette perte : mon pere apprit en même tems que ma beauté commençoit à faire du bruit, & ne voulant se fier qu'à lui-même du soin de ma conduite, il vint en Espagne me chercher, & me retira de la maison de son frere, pere de D. Fernand, dans laquelle on m'avoit reçue. Il me conduisit en Flandres & me donna à l'Infante, sœur de notre Roi & femme de l'Archiduc Albert. Elle me reçut au rang de ses filles d'honneur : cette Princesse eut beaucoup de bonté pour moi, & je puis assurer que je me fis aimer de toute sa maison. Au milieu de tant de prosperités & des éloges que l'on faisoit de moi, en m'accordant le prix de la beauté sur toutes les Dames de Flandres, mon pere chargé d'années & de gloire mourut & je ressentis vivement ce malheur; mais la jeunesse me consola dans peu de tems & ma douleur finit avec mon deuil; je commençai bientôt à prêter l'oreille aux discours des jeunes gens. Ce fut, il est vrai, avec tant de sagesse & de retenuë, que mes compagnes elles-mêmes ne m'ont jamais rien reproché; mais enfin, l'amour, dont il faut tôt ou tard reconnoître l'empire, me rendit ſenſible au mérite d'un jeune Cavalier, fils d'un Duc d'Andalouſie, & qui n'étoit arrivé que dépuis quelques jours à la cour de l'Infante. Malgré tous les livres que j'avois lû, malgré tous les conſeils que l'on m'avoit donné, malgré tous les exemples que j'avois eu devant les yeux, malgré les jeûnes, les prieres & les réfléxions que je fis pour m'en garantir, je ne pus chaſſer l'amour de mon cœur, je regardois D. Francesco sans pouvoir m'en empêcher & je lisois dans ses yeux avec satisfaction, qu'il me voyoit avec le même plaisir. A la fin vaincue par ses larmes, rassurée par ses sermens, déterminée par la parole qu'il me donna de m'épouser, je m'abandonnai à lui; mais à peine eut il reçu le plus grand présent que je lui pouvois faire, qu'il partit de la Cour, j'appris qu'il étoit revenu dans son pays; jugez en quel état je me trouvai réduite; le seul parti qui me parut convenable, fut de me jetter aux pieds de l'Infante & de lui conter mon malheur & la trahiſon qui m'avoit été faite. La Princeſſe fut d'abord indignée contre moi ; mais quand elle eut examiné les billets qu'il m'avoit écrits, & la promeſſe de mariage qu'il m'avoit donnée, elle écrivit au Roi ſon frere & me chargea de ſes lettres, & je me ſuis mis en chemin avec deux Demoiſelles & deux Cavaliers, pour m'eſcorter. Mon voyage a été heureux, je ſuis arrivée à Tolede, j'ai vû le Roi le jour qu'il en eſt parti, il a lû les lettres de la Princeſſe ſa ſœur, il a écouté mes raiſons & a donné ordre à un Exemt de ſes Gardes d'arrêter le Cavalier dont je me plains, par tout où il pourroit le trouver. La fortune a voulu ſans doute corriger le chagrin que m'a cauſé l'état du malheureux D. Fernand, en me faiſant apprendre qu'une des Dames qui logent dans cette maiſon eſt le même D. Franceſco pour lequel je verſe nuit & jour des larmes, daignez me conſeiller & me conduire, ajouta-t-elle, au Gouverneur, l'Infante ma Maîtreſſe vous en remerciera, & le Roy qui aime la Juſtice vous en ſçaura gré. Le Gouverneur la ſupplia de s'en rapporter à l'envie qu'il avoit de la ſervir, plus forte encore que la conſidération que ces Princes méritoient de ſapart: Je terminerai votre affaire ſans bruit & ſans procès, lui dit-il, en tout cas je ferai arrêter votre mari, & je ſçaurai le mettre en un lieu où le Roy pourra lui faire ſubir le châtiment qu'il trouvera convenable, c'eſt une occaſion dont je profite pour reconnoître les obligations que j'ai eu à un pere dont vous me paroiſſez ſi digne fille, & ſous les ordres duquel j'ai ſervi pendant long-tems, je n'ai plus qu'un doute, ajouta-t il, je crains que votre gouvernante ne ſe ſoit trompée, car il me paroît difficile qu'un homme puiſſe avoir autant de beauté que les Dames que j'ai vûes auprès du bleſſé; ſoyez perſuadé, que je ne me ſuis pas trompée, lui répliqua la gouvernante, vous croyez bien qu'il ne peut m'être inconnu, & que le tems d'une Meſſe a été ſuffiſant pour l'examiner, ainſi que D. Alonſo un de ſes Gentils-hommes; il a un habit de femme de damas blanc & argent,

argent : Je vais lui parler, dit le Gouverneur & mettre vos affaires en regle, soyez tranquille Madame, lui dit-il, en prenant congé d'elle ; ensuite il passa dans la chambre où étoient D. Maria D. Pantasilée & D. Alonso, quoique surpris de leur éclatante beauté, il entra sans les saluer, il dit à D. Alonso d'un air sévére : Avouez tout-à-l'heure le motif qui vous a engagé a faire assassiner D. Fernand, ou je vais vous en faire convenir dans les tourmens. D. Alonso fort étonné, lui répondit avec la fierté d'un

Cavalier & l'aſſurance que peut donner l'innocence, que le Roy ne lui avoit confié ſon autorité que pour châtier les coupables & non pour inſulter les gens d'honneur. Le Gouverneur fit ſortir tout le monde par ſes Gardes pour interroger D. Alonſo qui ne put avouer un crime qu'il n'avoit pas commis, il le fit enſuite ſortir, donna ordre qu'on lui amenât D. Maria, il défendit expreſſément qu'on ne laiſſât parler les Priſonniers à perſonne & même qu'on les ſeparât. Les queſtions qu'il fit à cette belle Veuve ne furent pas longues, aussi ne furent-elles que pour la forme ; il se fit ensuite amener Pantasilée, & lui dit après quelques questions générales, faut-il s'étonner que le peuple ne montre plus de vertu quand la Noblesse lui donne de si mauvais exemples. Les Cavaliers étoient autrefois des modéles de perfections, se peut-il qu'un Duc, dont le courage & la valeur devroient être à présent célébres dans le monde, ait pû s'oublier au point de paroître & de voyager sous un habit aussi indécent. Pardonnez-moi, continua-t'il, si je vous parle ſi librement, & ſi vous connoiſſant, je ne louë point votre conduite, d'indignes flatteurs pourroient ſeuls vous parler autrement, pour moi je croirois manquer à l'honneur & à la probité, ſi je vous déguiſois la vérité, je ne vous parle point de la mort du Cavalier avec lequel vous êtes arrivé ici, je crois que vous n'y avez aucune part & que nous pourrons remédier à tout, mais permettez-moi de vous dire, comme votre ſerviteur & celui de toute votre maiſon, que vous n'avez pas de meilleur parti à prendre que de retourner promptement en Flandres épouser la fille de Gonsalve de Mendoça, vous devez par toutes sortes de raisons reparer son honneur & le vôtre ; si vous ne voulez pas vous y déterminer, je vous ordonne de la part du Roi de quitter tout à l'heure l'habit que vous portez, de reprendre le vôtre & de venir avec moi trouver le Roi, qui vous parlera en conséquence des lettres qu'il a reçuës de l'Infante, au reste vous ne pouvez me rien déguiser, car D. Alonso votre Gentilhomme m'a tout avoué. D. Francesco fut très-étonné d'entendre parler si librement le Gouverneur, & très-fâché d'aprendre que le Roi fût informé de sa conduite, car les Monarques d'Espagne sont très absolus, & la Justice a tant d'autorité, même sur les Grands, qu'un d'eux ayant voulu donner des coups de bâton à un Huissier, fut condamné à une amende très-considérable par le Président de Castille. D. Francesco qui n'ignoroit point ces usages, se détermina à la douceur, & lui répondit : Je ne prendrai point le parti du vice qui regne aujourd'hui, & loin de défendre ma conduite ; je la blâme, mais l'amour a de tout tems fait ſuccomber les plus grands hommes, & je vous demanderois à vous-même ſi cette paſſion vous eſt inconnuë & ſi vous n'auriez pas recours au même ſtratagême ſi vous étiez perſuadé qu'il vous fît réuſſir, le Gouverneur en convint. Je n'ai donc pas tant de tort quant au déguiſement, pourſuivit D. Franceſco ; & quant au mariage, je vous jure que je ſuis dans la réſolution de tenir la parole que j'ai donnée à la Dame dont vous me parlez, je fais plus, je vous donne ma parole d'aller dès demain à Madrid trouver le Roi, lui demander pardon de la faute que j'ai faite & la permiſſion d'aller ſur le champ en Flandres chercher celle que je veux toujours regarder comme ma femme, & dont je ne me ſuis ſeparé que par ordre de ma famille ; voilà quelle eſt mon intention : tout ce que je déſirerois de votre politeſſe, ce ſeroit de ne point divulguer mon avanture. Je vous promets à mon tour, reprit le Gouverneur, d'y apporter tous mes ſoins, au cas cependant que ni ni vous ni vos gens ne ſerez point trouvés coupables de la mort de D. Fernand. Je vous jure foi de Gentilhomme, interrompit D. Franceſco, que vous me trouverez innocent. En ce cas, pourſuivit le Gouverneur, permettez-moi de vous embraſſer & de vous épargner le voyage de Flandres. D. Franceſco ne ſçavoit ce qu'il lui vouloit dire & le ſuivit dans la chambre où étoit Hortenſia; il ne vit pas d'abord ſon viſage, parce qu'elle étoit enfoncée ſur ſon lit & aſſiſe ſur un carreau de damas, environnée de fleurs de jaſſemins, de lis & de roſes. La douleur qu'elle avoit éprouvé, & l'évanouiſſement dont elle étoit à peine revenuë, avoient un peu alteré ſa beauté ; mais d'abord qu'il l'eut reconnuë, il courut à elle & l'embraſſa malgré ſa réſiſtance, en la nommant cent fois ſa chere épouſe. Enfin la reconnoiſſance & les careſſes de ces deux amans furent ſi tendres & ſi touchantes, que le Gouverneur & tous ceux qui en furent témoins ſe trouverent attendris. Aprês ces premiers momens, ils témoignerent au Gouverneur l'obligation qu'ils lui avoient, & l'envie qu'ils auroient de la reconnoître : vous n'en avez qu'un moyen, leur dit-il, c'est d'accepter ma maison, je dois, ajouta-t-il galamment, répondre de mes prisonniers. Ils y consentirent à la fin, & il les quitta pour aller faire préparer leurs appartemens & leur envoyer ses carosses pour les conduire.

Cependant D. Francesco frappé de la mort tragique de D. Fernand, réveillé par l'amour & la présence d'Hortensia, trouva ses sentimens pour Dona Maria si réfroidis, qu'à peine se seroit-il souvenu de son existence ſans le malheur de ſa ſituation, dont elle étoit véritablement ſi touchée, qu'elle s'apperçut à peine des avantages que la fille de Gonſalve de Mendoça emportoit ſur elle & des droits qu'elle reprenoit ſur le cœur de D. Franceſco; ils eurent même beaucoup de peines à la déterminer à ne les point quitter, quand on les avertit de l'arrivée des Caroſſes du Gouverneur, on l'aſſura que les ordres étoient donnés pour rendre tous les devoirs dûs à la qualité de ſon mari, ils arrivérent tous chez le Gouverneur, Dona Clarina ſa femme, deux de ſes filles & une niéce, toutes d'une grande beauté vinrent les recevoir, toute la compagnie, après les premiers complimens, ne fut occupée que du ſoin de conſoler D. Maria, ils y réuſſirent un peu, le lendemain le Gouverneur envoya au lever de D. Franceſco un habit de campagne qu'il avoit fait faire pour un de ſes enfans alors en Italie, & dont l'âge & la taille s'acordoient parfaitement. L'habit étoit d'un très-beau drap de Segovie, le pourpoint de toile d'or, la roupille ou juppe étoit ouverte par les côtés, le tout étoit couvert de moulinets d'or, & dans les intervalles, il y avoit des lacs brodés avec tant d'art, qu'en ſe réuniſſant, ils formoient des groteſques admirables, le manteau, le chapeau, le rabat & l'épée, étoient d'une magnificence aſſortiſſante; enfin quand D. Franceſco parut, on ne pouvoit dire quel ajuſtement du jour ou de la veille le faiſoit paroître plus beau, Hortenſia le dévoroit des yeux & ne pouvoit ſe laſſer de le regarder avec un habit qui lui convenoit mieux que celui dans lequel elle l'avoit retrouvé ; aussi elle ne pouvoit s'empêcher de lui donner mille baisers, qui excitoient l'envie & animoient les désirs de la femme, des filles & de la niéce du Gouverneur, qui le trouvoient fort à leur gré.

Il est tems de revenir au meurtrier de D. Fernand ; il ne fut pas plûtôt à la question qu'il avoua son crime, & qu'il dit, qu'il se nommoit Rodrigue de Garcia, fils de Pierre Garcia, habitant du Viso ; qu'il avoit épousé une miéce d'Osmin Guticerez, hôte dans ce Bourg, nommée Catalina de la Croix, & qu'ayant eu non ſeulement des preuves, mais l'aveu même de l'infidélité qu'elle lui avoit faite avec D. Fernand, il l'avoit poignardée; car après avoir reçu de l'argent d'Oſmin pour aller ſervir en Flandres contre les Hollandois, le Diable l'avoit tenté & l'avoit fait revenir ſur ſes pas, ne pouvant ſe réſoudre à la laiſſer ſurvivre à ſon honneur, ce qu'il avoit exécuté, qu'enſuite voulant continuer ſon voyage, ſon mauvais génie l'avoit conduit à Toléde, & qu'en ſortant de la grande

Eglise, il avoit malheureusement rencontré D. Fernand, & que saisi de fureur à sa vûe, il n'avoit pû s'empêcher de satisfaire sa vengeance. Après cette déclaration, le Gouverneur donna la liberté à tous les gens de D. Fernand & de Dona Maria, & fit pendre Rodrigue de très-grand matin, dans la crainte que son exécution ne causât une sédition; car l'Archevêque, selon l'usage, avoit mis l'interdit, & excommunié le Gouverneur pour avoir fait arrêter le Criminel dans l'Eglise sans vouloir le rendre. Cet interdit est si sévére que l'on ne sçauroit dire la Messe dans aucune Eglise de la Ville, qu'il n'ait été levé ; mais quand il est prouvé par le Procès, que l'homme ainsi arrêté est coupable d'assassinat, la Justice fait porter le corps à l'Eglise & dans le moment même, l'interdit est levé, c'est ce que l'on fit par rapport à Rodrigue.

Malgré tous les soins & les attentions du Gouverneur pour amuser ses hôtes non seulement dans la Ville, mais encore dans une Maison de Campagne délicieuse, nommé le Cigaral, qu'il avoit aux environs de Toléde, D. Francesco avoit besoin d'autres plaisirs, & les rigueurs de sa chére Hortensia le consumoient à petit feu, car elle ne lui voulut jamais accorder aucune faveur, que le mariage n'eût été célébré; ne pouvant résister à son impatience, il lui demanda la permission de se rendre à Madrid pour obtenir du Roy l'agrément de son mariage, il donna rendez vous à sa mere & l'instruisit de ce qui s'étoit passé, ils partirent donc trois jours aprés. Dona Maria voulut encore les quitter pour retourner à Ubeda, mais D. Francesco & Hortensia n'y voulurent jamais consentir, quoique cette derniere eût quelque soupçon de ce qui s'étoit passé, & par conséquent quelque jalousie. Mais le fils qu'elle avoit de son cousin, la situation triste où elle étoit, qui redoubla l'intérêt dans les cœurs généreux, flattée peut-être de l'avantage qu'elle emportoit sur elle dans le cœur de D. Francesco, toutes ces raisons l'engagérent à la presser vivement de ne la point quitter, ses priéres eurent un plein succès, elle partit

partit avec eux ainſi que le Gouverneur : le Roy & la Reine les reçurent à merveille, les baiſérent l'un & l'autre, & la beauté des deux Amans charma toute la Cour. Le Roy pour reconnoître les ſervices de ſa famille, lui donna cinquante mille ducats de revenu, & pour faire honneur à la recommandation de la Princeſſe ſa ſœur, il voulut faire leurs nôces à ſes dépens ; les magnificences de la Cour & des livrées furent très-grandes pour les jeux de *Laſcanas* qui les précédérent.

Mais au milieu de tout ce

qui pouvoit flatter le cœur & la vanité de deux amans, ils n'oublierent point D. Maria, & pour n'en pas être séparés, ils lui proposerent de s'établir à la Cour. La chose n'étoit pas difficile ; le mérite de la beauté & de la jeunesse se trouvant soûtenus d'un grand crédit, elle y consentit ; mais elle refusa tous les maris qu'on lui proposa, pour se souvenir & préferer Valerio, le Page de son mari ; touchée de sa discrétion, il lui parut que pour le soulagement de sa conscience & le bien de son corps, elle n'en pouvoit point prendre d'autre, son Confesseur même le lui conseilla. Don Francesco fut étonné de son choix ; mais comme ce Page étoit Gentilhomme & qu'il n'avoit de défaut que son peu de bien, il se promit d'avoir soin de sa fortune.

Les deux mariages furent célébrés au grand contentement des Parties, d'autant plus grand qu'elles se connoissoient, & ils coucherent dans de meilleurs lits que ceux des hôtelleries de *Sierra Morena* & de *la Carçuela* ; mais en est-il de mauvais avec ce que l'on aime, & dont on n'a joui depuis longtems.

FIN.